千万级
付费社群
养成记

知识星球 著

电子工业出版社
Publishing House of Electronics Industry
北京·BEIJING

未经许可，不得以任何方式复制或抄袭本书之部分或全部内容。

版权所有，侵权必究。

**图书在版编目（CIP）数据**

星球大战：千万级付费社群养成记 / 知识星球著. —北京：电子工业出版社，2024.5
ISBN 978-7-121-47464-4

Ⅰ.①星… Ⅱ.①知… Ⅲ.①网络营销 Ⅳ.①F713.365.2

中国国家版本馆 CIP 数据核字（2024）第 052160 号

责任编辑：滕亚帆（tengyf@phei.com.cn）
印　　刷：涿州市般润文化传播有限公司
装　　订：涿州市般润文化传播有限公司
出版发行：电子工业出版社
　　　　　北京市海淀区万寿路 173 信箱　　邮编：100036
开　　本：880×1230　1/32　印张：7.875　字数：210 千字
版　　次：2024 年 5 月第 1 版
印　　次：2025 年 4 月第 2 次印刷
定　　价：78.00 元

凡所购买电子工业出版社图书有缺损问题，请向购书店调换。若书店售缺，请与本社发行部联系，联系及邮购电话：（010）88254888，88258888。

质量投诉请发邮件至 zlts@phei.com.cn，盗版侵权举报请发邮件至 dbqq@phei.com.cn。
本书咨询联系方式：faq@phei.com.cn。

# 推荐序

　　知识星球是一款简单的产品，而这本小书，则是一本简单的书。

　　就我所见，这本书的雏形，是一个训练营。那时刘容希望能有一套清晰而且简明扼要的材料，但凡有人想做付费社群，可以把材料提供给他们。大家按图索骥，不费太多力气，就能掌握在社群里交付内容和服务的方法。

　　但训练营能服务的对象有限，于是刘容拉上了慧婷，又开始了一本新书的写作。看到她们在没什么资源协助的情况下，列框架、找我们的用户（可爱的星主们）索取资料、吭哧吭哧地从 0 到 1，在她们完成这本书的草稿时，我是佩服的。

　　她们在实际工作中，服务过上千位社群运营者，这些人各具天赋，所以社群特色也各不相同。恰好我们的产品足够简单，其留白处，就是这些创作者的发挥空间。

　　知识星球产品简单，本不值得用一本书来描述。同事们的心思也简单：很多人想做副业，想建社群，想做知识付费，想投身创作者经济……但不知道怎么开始。我们能不能不甩大词，不说空话套话，尽可能言之有物地把"付费社群"这件事的实操方法讲清楚？能不能让人看完这本书，就知道怎么做付费社群？能不能把已经在我们这里跑通的经验落地传播？

星球大战

这就是她们呈现出来的作品——希望用浅显的文字,把我们见过的、有价值的付费社群里的经验和盘托出。

期待你不要光看。

动手做起来,或许你会发现,做社群这件事,真的就差捅破一层窗户纸。

吴鲁加<br/>
知识星球创始人

在知识星球开社群有疑问

扫描二维码,可获专人解答

# 前言

### 社群可以做成一生事业

在知识星球创建至今的 9 年时间里，我们见证了太多社群从几百人扩大到几万人的规模；见证了很多群主从无名小卒成长为行业佼佼者，从此改变了人生轨迹；也见证过众多大咖借助社群的力量为同行答疑解惑，帮助更多人快速成长。

正因为如此，我们想说：

> 社群可以做成一生事业。

社群在知识变现、资源链接、提高个人品牌影响力等方面发挥着强大作用，同时众多群主还收获了一份从未有过的惊喜——人与人之间的守望、互助和情感联系。

"知识星球"微信公众号持续分享过很多群友的社群故事：

> 某位小姑娘患有耳疾，喜欢画画和设计，加入社群潜心学习设计技巧，在职场上不仅得到了赞赏，还因此获得

> 了更多的发展机会，她也变得更加自信。
>
> 两位单身青年男女，加入同一个社群，在线下见面会相识后，相知、相恋，最终从陌生人变成相伴一生的夫妻。
>
> 一位因为给孩子治病欠债百万元的宝妈，加入社群学习如何做"淘宝客"后，最终还清债务，生活也变得越来越好……

从这些故事中，我们看到了一种美妙的循环——因为知识和内容聚集在一起的人，创造了新的内容和情感联系，使得每个社群都有了独一无二的生命力，也反哺和滋养着每一个加入的人。我们还发现，一个人只要用心经营社群，就可以借助它实现目标，比如收入、名望或资源，还能获得意料之外的惊喜与感动，比如令人敬佩的经历、真挚的情感，抑或携手一生的相伴。

与此同时，在这些光辉成绩和令人动容的故事背后，我们也看到了群主的苦与累——可能是陷入创作瓶颈，担心自己无法按时交付而产生的夜不能寐的恐惧和焦躁；可能是担心自己无法持续创新，无法让社群注入新鲜活力而产生的忧愁和焦灼；可能是在兢兢业业做社群服务时，被误认为"割韭菜"而产生的不解和失落。

但他们没有退缩，凭借自己的毅力、耐心和智慧，解决并探索出可复用的运营方法和技巧。

我们撰写这本书的目的，正是希望将他们宝贵的经验和方法付梓成书，交付给正在或即将做社群的朋友们，希望大家能够运用书中的方法和技巧，减轻运营压力，将自己的社群打造成理想的模样，然后像更多成功的群主一样，通过做社群提高收入，获得改变人生的机会。

# 前言

## 这本书的使命

### 01 最经典实用的社群运营方法

我们邀请了 70 多位经验丰富的群主，在书中分享了他们行之有效的社群运营策略。这些群主来自不同的行业和领域，社群运营时长基本都在 3 年以上，只有极少数社群运营时长在 1 年左右，但其付费用户也超过了 1000 人，有的甚至达到几万人规模。

社群"齐俊杰的粉丝群"属于财经类社群，自 2018 年创建至今，已经运营 6 年之久，且付费用户早已突破 7 万人；社群"生财有术"是互联网创富类社群，自 2017 年创建至今，已经运营 7 年之久，付费用户也早已突破 4 万人。与之相比，社群"编程导航"属于互联网技术类社群，虽然运营时长仅有 2 年，但付费用户已经达到 2 万多人。

像"齐俊杰的粉丝群""生财有术"等经过时间历练的万人社群，以及像"编程导航"这样的后起之秀，其群主所沉淀的运营方法对于第一次做社群的群主来说，是非常值得学习和参考的。同时，对于有一定运营经验的群主而言，这些方法也有借鉴意义。

很多新手群主常常对于付费加入社群被认为是"割韭菜"的行为感到担忧，为此我们在书中详细讲述了一位群主的心路历程。此外，针对社群门票定价、社群推广的问题，书中详细介绍了低、中、高、超高四种不同门票价位的定价思路，以及在公域和私域推广社群的实操方法，力图帮助每位群主制定出合理的社群门票价格，并通过书中介绍的推广方法不断吸引付费用户加入社群。

## 02 人手必备的社群运营指南

这本书是知识星球第一部关于社群运营方法的著作，书中汇集的运营方法和经验，全部出自知识星球群主的实战经验，以及知识星球团队在服务群主过程中观察和积累的真实案例和数据。书中所提供的运营方法和解决方案，都基于一个社群从无到有、从小到大的发展过程中可能遇到的问题和踩过的"坑"。

这是一本非常实用的社群运营指南，适合想了解、想做但从未做过社群的读者阅读。同时，也适合有一定运营经验并希望把社群做大的群主阅读。

本书除了提供初、中级社群运营策略，还在部分章节的末尾附有二维码，读者可扫码阅读更多高级运营方法。这些方法是很多大型付费社群群主的独家运营秘籍，掌握它们，可以让社群规模更上一层楼。

我们相信，只要认真阅读这本书，并选对社群工具，每个人都能做成自己的社群。我们也衷心希望本书能够顺利完成它的使命——

帮助每一位向往社群、喜欢社群、想做社群的朋友<br>从容不迫、游刃有余地运营社群，<br>最终借助社群的力量让脑海中幻想无数次的梦想<br>有风可乘、有枝可依。

爱你的

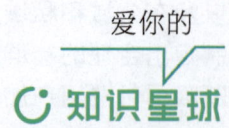

# 目录

## 序章
## 每个人都值得做一个社群

第一节　人人都有机会做社群　2
第二节　互联网社群时代已来　19
第三节　这本书帮你做好社群　24

## 社群定位篇
## 打造付费社群第一步

### 第一章　必须想清楚做什么样的社群

第一节　明确目的：社群为目标用户解决什么问题　30
第二节　找到社群定位：适合的才是最好的　37
第三节　三个小锦囊：如何做好社群定位　42

拓展阅读（一）　调研社群目标用户画像的方法　46

# 社群创建篇

## 三秒钟，让你的社群直抵人心 ▶

### 第二章　装修社群，值得借鉴的小妙招

第一节　社群名字：响亮好记是王道　　　　　　50
第二节　社群 Slogan：围绕社群愿景最有效　　　54
第三节　群主和社群介绍：突出核心价值是关键　57
第四节　社群封面：具备辨识度很重要　　　　　63

> 拓展阅读（二）　好用的六个社群取名模型　　　　　　69
> 拓展阅读（三）　群主头像和社群 Logo 的设计方法　　69

### 第三章　定对社群门票价格，让用户主动付费

第一节　影响社群门票价格六大因素　　　　　71
第二节　四种社群门票定价案例　　　　　　　78
第三节　两种经典的社群门票涨价策略　　　　84

> 拓展阅读（四）　社群目标用户对价格的敏感度测试　　　　　　91
> 拓展阅读（五）　社群的两种年费模式　　　　　　　　　　　　92
> 拓展阅读（六）　社群在增量阶段和存量阶段的门票调价策略　92

目录

# 社群推广篇

## 用对推广方法，壮大社群

### 第四章　推广社群前的必备动作

第一节　做好心理准备和锚定推广目标　　96
第二节　准备社群广告和海报　　103

拓展阅读（七）　社群海报案例合集　　110

第三节　准备"开胃菜"和新人手册　　111

拓展阅读（八）　两种社群广告的编写思路　　116

### 第五章　人人都能掌握的社群推广方法

第一节　推广社群的经典方法　　118
第二节　如何选择最佳推广渠道　　132

# 社群服务篇

## 好口碑增强社群生命力

### 第六章　设计内容生产模式，做好社群内容

第一节　群主独立分享模式　　140
第二节　多人共建内容模式　　144
第三节　如何选择最适合的交付模式　　150
第四节　设计内容板块，让优质内容自发生长　　153

拓展阅读（九）　从"单人分享社群"到"内容共建社群"的转变　　163

XI

### 第七章 挖掘多元活动，激发会员热情

第一节 两种经典的线上活动　　　　　　　　165

第二节 最受欢迎的线下活动　　　　　　　　182

拓展阅读（十）　如何搭建社群的积分体系　　　　190

# 社群增收篇

## 不可低估的社群创收产品

### 第八章 拓展付费服务，放大社群价值

第一节 启动全新付费服务的前提条件　　　　194

第二节 两种经典的高价付费服务　　　　　　196

第三节 两种常见的增值服务　　　　　　　　204

# 社群续费篇

## 让社群穿越不同周期

### 第九章 三步提升社群续费率

第一节 第一步：赢取会员信任　　　　　　　214

第二节 第二步：提升会员续费意愿　　　　　224

第三节 第三步：使用简单高效的续费策略　　228

拓展阅读（十一）　打造一支很能打的团队　　　　236

# 后　记

# 序章

## 每个人都值得做一个社群

他,一个普通小镇青年,通过社群聚集了一群志同道合的朋友,成为年入千万的企业家;他,一位充满梦想的创业者,通过创建社群,成立了一家公司,实现了梦想;他,一位求知若渴的专业领域人士,通过创建一个与他所在领域相关的社群,扩展出一条全新的人生轨迹;他,一个渴望自由的上班族,借助社群,成功转型为自由职业者。

你是否想问:"到底什么是社群,它为何如此强大,吸引着越来越多的人创建和参与?"本章将带你走进社群的世界,了解其魅力,或许,你也将在这个世界中找到你的位置,实现梦想。

 99　　 298

## 第一节

### 人人都有机会做社群

**有人，就有群。**

一群人在一起交换想法、分享经验、互相支持，在互联网出现之前，这种现象通常出现在物理空间，比如街区、村庄或城市。后来，随着互联网的出现和发展，这种人与人之间的连接已经不再受地理位置的限制，那些具有相同兴趣、价值观或技能的人通过网络也能彼此联络。他们形成的网络群体，我们称之为**社群**。

现代社群的创造者来自各行各业。他们可能是社交平台上有影响力的人物，也可能是行业专家或企业家，甚至可能是普通工人和办公室职员。在一个社群中，人们可以围绕共同的兴趣或技能深入交流和分享，因为彼此来自世界各地、拥有不同的背景和经历，这也使得社群充满了丰富多样的文化元素。这种既有共性又有差异的奇妙生态，使得社群散发出无比的活力，吸引了无数人参与其中。

这种现象的背后到底隐藏着什么？为什么如此多的人都开始热衷于做社群？在下面三位社群创始人的故事中，或许有我们想知道的答案。

## 1. 知名电视节目主持人的社群故事

齐俊杰，齐家私募基金管理（海南）有限公司董事长，被无数网友称为"第一财经说书人"，大家也亲切地叫他老齐。他曾就职于北京电视台和多个互联网视频平台，后来进入金融投资行业，研究和投资了大类资产配置，并自主创业，创办了全网财经类音频节目《齐俊杰看财经》，其播放量超 23.4 亿次，全网排名第一。2022 年，他逆势成立私募基金公司。

然而，在老齐光鲜亮丽的履历背后，他曾多次面临事业发展的困境。

### 1）自媒体事业遇险，建社群力挽狂澜

2016 年的老齐，每天沉浸在书海中，尤其享受在微信公众号（简称公众号）上撰写文章以及与读者互动的喜悦，他的生活过得安静而充实。在与读者互动的过程中，老齐收到了许多读者的反馈——他们已经很久没有阅读了，甚至感到自己丧失了读书的能力。由于与读者之间建立了深厚的情感联系，老齐听到这些困扰的声音后，毫不犹豫地决定创建一个全新公众号——"老齐的读书圈"。

他希望付出自己的时间和精力，带领读者一同探索财经类书籍，帮助他们重新找回阅读的乐趣，同时向读者普及财经知识。他以通俗易懂的语言，将财经书籍中的复杂知识解读出来，并运用时下社会热点和自身经历作为例证，让读者理解得更加深入和透彻。大家追随着他的步伐，通过阅读一本本新鲜有趣的图书，不仅重新找回了读书的能力，还获得了有用的财经知识。

## 星球大战

老齐以做公益为初衷,原本就没想在自媒体上投入太多精力,更不图从读者那里赚钱。因此,从开始创办新公众号"老齐的读书圈"起,所有内容均免费向公众开放,仅依靠公众号贴片广告费用来维持运营团队的工资支出。凭借这样的经营模式,新公众号经过两年的运营,沉淀了近百本图书的精读内容。然而,新公众号刚刚崭露头角,就迎来了微信平台的大规模广告清理,使得运营团队的薪资陡然失去来源。老齐深知,寻找一个能够支持大量粉丝友好互动并具备付费功能的平台,已成为当务之急。

起初,他在几个音频付费平台上做了一些尝试,但发现这些平台都无法满足他的全部需求,或者不支持大规模粉丝实时互动,或者内容的曝光机会太少,导致收入微薄而无法承担整个团队的费用支出。在苦恼之际,一次偶然的机会,他注意到了"知识星球"。通过朋友的介绍,他与知识星球创始人吴鲁加取得了联系,两人一见如故。在交谈过程中,他充分了解了知识星球的价值观和运营模式,觉得这个团队可靠,对他来说,试错成本低。于是,当天他就在知识星球平台上创建了两个社群,分别是"齐俊杰的粉丝圈"和"老齐的读书圈"。

其中,"老齐的读书圈"继续延续他创办新公众号的初衷"读万卷书",持续收录并沉淀他出品的投资课程、音频和图文内容。而"齐俊杰的粉丝圈"则专注于实现"行万里路"的目标,帮助培养社群会员将投资知识运用到实践中并创造收益的能力。两个社群相辅相成、双剑合璧,力求最大限度地满足社群会员学习投资知识和培养阅读习惯的需求。

没想到这么一试,老齐很快就意识到这条路是正确的。仅仅在第一次社群推广之后,他的社群就吸引了数千位会员付费加入。更令人振奋的是,由于选择的社群工具提供了专业可靠的团队服务，他对社群运营的信心变得更加坚定。他举了一个例子。

> 早期的知识星球是一个类似百度贴吧的平台，大家可以在上面实时互动，但由于很多功能尚未完善，图文和音频内容的展示界面并不友好，遭到诸多社群会员吐槽。有一次，我们收集整理声量最大的几条意见反馈给知识星球团队，例如主题帖无法置顶的问题，音频播放速度无法调整的问题，播放列表无法显示的问题。经过双方半年的努力和磨合，这些问题都得到了妥善解决，粉丝们使用知识星球平台的习惯也逐渐形成。这些改变让我们的社群会员数量持续增加，很快成为几万人的社群。

社群成功落地后，老齐和团队遵循着"每周共读一本书"的节奏，每天向两个社群输出内容并推送"早晚实践课"，与社群会员实时互动交流，解答他们的疑问。社群运营至今，老齐社群的活跃度在知识星球平台上一直名列前两名，而由社群带来的收益在知识星球平台的"星球财富周榜"中也始终表现卓越。即便互联网进入了短视频时代，他的社群仍然展现出了突出的黏性——许多会员向他反馈，社群已逐渐取代了他们的微信朋友圈（简称朋友圈），他们每天下班后的第一件事不再是刷视频，而是打开知识星球 App，浏览老齐和群友们的动态信息。

显而易见，通过社群的力量，老齐成功解决了公众号收入下滑的问题，并进一步增强了他与会员，以及会员与会员之间的互动与联系。老齐表示，社群带来的实时互动感和高度的粉丝黏性是其他内容创作平台无法比拟的。

社群运营至今，他还发现社群的付费潜力远超预期——通过构建社群矩阵，可以不断突破社群收入的上限。

他是如何做到的呢？

### 2）打造社群矩阵，突破收入天花板

2021年，老齐对两个社群的会员进行了用户分层，创立了高净值社群，名为"齐俊杰的高净值社群"。这三个社群构成了社群矩阵，分别为会员提供差异化的内容和服务。原社群延续原有的服务路线，而新社群"齐俊杰的高净值社群"主要面向净资产达到百万级别的会员，为他们提供更专业和更有深度的内容及线下服务。

让老齐感到意外的是，新社群一经推出就吸引了超过3000名会员加入。其中不乏亿万资产人士，其会员规模已经相当于一家商业银行的高净值客户群体。

随着新社群逐渐成熟，老齐依托这三个社群强大的聚集粉丝和筛选粉丝的能力，成立了以传媒为核心，上游专注科技工具服务，下游专注基金服务的多元化业务公司，还探索出公司和社群深度融合的发展模式。

> 成立公司后，社群依旧是我们的业务矩阵核心，围绕这一核心，公司业务通过知识星球平台和更多的科技工具，借助B2C（Business to Customer）的内容分发模式覆盖了更广泛的客户群体，并完成了优质会员的初步筛选。
>
> 这部分会员将沉淀在社群"老齐的读书圈"和"齐俊杰的粉丝群"里，通过C2C（Customer to Customer）的模式实时互动服务，有的会员还会加入"齐俊杰的高净

值社群"，这样的模式很好地提高了高净值社群会员的体验感和黏性。

之所以这么做，是因为 C2C 的互动服务半径有限，边际成本较高，例如，此前我们运营 7 万多人的社群，已经略显吃力。如今借助社群矩阵实现用户过滤和分层，能让我们更好地提供服务，而且成功避免了会员群出现"劣币驱逐良币"的现象。

其实，老齐采取"公司+社群"深度融合的发展策略，也和互联网时代的变迁有关。他认为，如今已经是一个信息爆炸的时代，产品被分得越来越细，无论是内容创作者还是企业主，寻找高黏性用户最好的方式是持续输出有价值的信息，当发出的信息覆盖足够广的用户之后，必然会形成"物以类聚，人以群分"的群落现象。这时候，创建一个付费社群是必需的，因为付费社群自带的"磁吸效应"和"门槛功能"是承接用户分层和帮助群主做好差异化服务的最佳载体。

从内容运营的角度来看，信息传播的目的是传递创作者的价值观，而通过价值观的传递，创作者找到了一批批优质且志同道合的读者。在找到这部分读者后，创作者在社群里和他们互动，相互赢得信任，加深彼此的情感连接，很多读者又会主动向好友推荐社群。由此可见，依托社群进行裂变的商业模式具有明显的复利效应——社群运营时间越长，会员黏性越高，社群的裂变能力也就越强，收益自然会随着裂变模式而不断攀升。

这是老齐过去五年对社群运营模式的理解。他相信，流量和社群是这个时代的"九阳神功"，一个人一旦拥有这两种底层核心资产，做成事情的概率将会飞跃式提升。他已经充分体会到这一商业模式的优点，未来将继续依靠社群扩大自己的影响力。

看完老齐的故事，大家是不是对"做社群"这件事已经动心了呢？不过，有些朋友可能会有这样的疑虑：社群虽好，是不是只有像老齐这样的人才能做成功呢？

其实不然，接下来我们介绍的主人公，并不是大名鼎鼎的业界名人，而是一名城市白领。他做成了社群，并且通过运营社群创建了一家公司。

### 2. 一名城市白领的社群故事

曾在阿里巴巴任职的亦仁，在考上大学的第一年，他不得不向亲朋好友借款才能凑齐学费。为了改变这种生活状况，他在大二的时候开始研究各种赚钱的策略——卖过U盘，尝试过各种创业项目……他在这些大大小小的项目里不断折腾，积累了丰富的互联网创业经验，令人佩服的是，他还赚到了人生的第一个100万元。

毕业后，亦仁来到杭州，进入阿里巴巴工作。在这里，他对互联网创业的认知被持续地更新和升华，这些新收获激发他持续产生更多新奇的创业想法，并促使他不断探索新的收入途径。有时候，他会将自己的思考和创业经历分享在自己的公众号上，优质内容逐渐吸引了许多读者的关注。

然而，亦仁从未想到像写公众号这样的平常事情也可能让自己走红。一次偶然的机会，他的一篇文章被一位素不相识的博主转发，结果在短时间内获得了上千人的关注，由此他开始了社交媒体社群之旅，并改变了自己的人生轨迹。

#### 1）从城市白领到个人创业者

2017年3月，亦仁的一篇文章《通过Google挖掘细分市场的一个案例》意外地被互联网博主 Caoz[1]转载，这篇文章迅速吸引了几千名读者的关注。同时，还有几百人申请添加他为微信好友。这些读者大多对互联网创业充满了浓厚的兴趣，在很长一段时间里，亦仁与这些读者频繁地交流关于创业的话题。然而，亦仁在交流中渐渐发现，虽然很多朋友都怀有旺盛的创业欲望，但由于缺乏好的渠道来了解高质量的赚钱项目、思路以及相关案例和工具等，大部分人都迟迟无法迈出第一步，也因此感到十分苦恼。

于是，亦仁脑海里自然而然浮现出一个想法：

> 对于普通人而言，创业要实现从 0 到 1，最关键的是先干起来。而要干起来，就需要案例、思路等一系列信息。然后，通过不断实践和提升自身认知与能力，最终才能实现赚钱的目标。既然大家都找不到这样的信息渠道，为什么自己不搭建一个呢？尽管我的能力有限，不太能够帮助高阶的创业者，但我可以为普通人提供一些实际可行的赚钱思路，帮助他们赚到人生的第一桶金。

随后，亦仁认真考察了当时能够向人们传递高质量信息，并且支持人与人相互交流的三种渠道：课程、训练营和社群。经过反复比较，他最终认定社群更贴合他的诉求。他的思考逻辑是：首先，人与人之间是平等的，我不高于你，也不低于你。他不希望成为老师的角色，也不需要在集体中获得过多关注，他更喜欢平等、自由的交流氛围。而社群能够实现他的愿望。此外，他对做社群这件事有信心，并相信自己有能力把它做好，因为在决定帮助普通人赚到第一桶金的时候，他就已经准备好了 365 个不重样的赚钱思路。

---

[1] Caoz，曹政，公众号"caoz 的梦呓"主理人，《你凭什么做好互联网》作者，在知识星球创建有社群"caoz 的小密圈"。

亦仁创建社群的初衷是真心实意地为会员创造价值，而不是敷衍了事。他也坚决不想在短期内赚快钱，而忽视个人口碑、创业信念和能力积累等更具长期价值的因素。因此，在选择社群工具时，他格外谨慎。

市面上有那么多社群工具，哪一款更专业靠谱呢？在亦仁眼里，成为最理想的社群工具的首要标准是，其运营团队必须和自己有相似的价值观，因为与拥有相似价值观的人合作起来更容易获得成功，并且能够持续发展。同时，这款工具能够满足他的运营需求——支持所有会员自由交流，并具备沉淀内容的功能。

按照这两个标准，尽管亦仁已经找到了一些备选工具，却没有一个能够完全符合他的要求。在朋友引荐下，他与知识星球创始人吴鲁加取得了联系。通过交流，他们发现彼此的价值理念非常相似，而知识星球的功能也能够满足他对"平等交流、沉淀内容"的需求。此外，令亦仁意外的是，他发现自己的目标用户中大部分人已经习惯使用知识星球 App，这意味着如果他选择了其他社群工具，可能需要耗费 10 倍的激活会员的成本。

正因如此，亦仁才会说：

> 使用知识星球 App 做社群，对我来说是最好的选择。

### 2）从个人创业者到公司老板

秉承"让普通人赚钱不难"的使命，坚持"少聊大道理，多聊具体生财案例和方法"，2017 年 3 月 22 日，亦仁在知识星球平台正式创建了社群"生财有术"，他希望运用自己积累的创业经验和方法论，帮助普通人在创造价值的过程中赚到更多的钱。创建社群当天，亦仁通过公众号宣传社群，

## 序 章　每个人都值得做一个社群

在短短 4 天内，有超过 500 位会员加入了社群，这也为他带来了超过 26 万元的收入。

对于付费会员数量的迅速增长，许多人感到震惊。毕竟，当时的亦仁并非知名博主或行业大咖。然而，**事实证明，像亦仁这样拥有一定专长的人，只需满足一部分人的需求，也能做成社群**。

亦仁非常感激每一位会员对他的信任。同时，他也清醒地知道，社群能有一个好的开始固然令人开心，但要长久地运营下去，作为社群创办人，除了不断创造价值，还必须帮助会员"消化"这些价值。就像"知道"和"做到"之间的鸿沟，社群提供再多有价值的内容，如果会员无法消化或无法将这些方法应用于实践，他们就很难实现个人成长。亦仁说：

> 在过去 7 年多时间里，团队和我累计服务超过 5.5 万名会员，社群沉淀近 10 万篇与赚钱有关的文章，成为一部 1.3 亿字的赚钱宝典。不少会员向我们反馈，"生财有术"里的赚钱思路总是走在市场最前端，市面上不少被人熟知的案例都是从"生财有术"流传出去的。有些会员还表示，因为自己参加实践活动或经常在社群内分享，得到贵人相助，成功开拓副业，甚至开启第一次创业之路从而成功"上岸"。可以说，"生财有术"成为创业人了解优质赚钱信息的最佳渠道之一。

就个人而言，亦仁觉得自己做社群的最大收获是，社群帮他连接了很多志同道合的朋友，大家在互相分享交流的过程中形成了真诚、空杯、开放、利他、平等、实干的价值观，彼此互相成就。他认为这是一件非常难能可贵的事情，这意味着，只要加入这个圈子，每个人赚到钱的概率都将大大提升，一起致富很可能不再是空想。

未来，亦仁将继续提升会员的社群体验，让"生财有术"社群朝着成为"国内甚至全球最出色的创业与赚钱分享、交流社区"的目标努力。在不断前进的过程中，他希望每一位会员都能够通过社群多赚一些钱，并建立起真挚的战友关系，以及结成深度信任的联盟。他还希望每位会员都能够从社群中获得快乐，这也是他决定继续经营社群 5 年甚至 10 年的原因。

尽管互联网的发展会改变社群模式，但亦仁相信，只要人们对交流和连接的需求持续存在，社群就会一直存在下去。因此，不论是谁，只要愿意，都可以创建自己的社群。社群的大小并不重要，只要你能够持续提供价值和创新服务，社群就会一直存在，并为每个参与其中的人带来新的收获和惊喜。

亦仁的故事向我们传递了一个重要信息：即使起初没有影响力的人，也能做成社群，并通过做社群成就一番事业。如果你和亦仁一样有一技之长，不妨尝试建立一个社群，为自己的人生创造无限可能。

如果你担心自己没有足够的影响力来成功运营一个社群，那么下面的故事或许能给你更多信心。这个故事的主人公 David 是在寂寂无闻时开始做社群，虽然没有像亦仁一样创立自己的公司，但通过运营社群，也实现了无忧的生活。

### 3. 四线城市职场人的社群故事

David 是一位生活在福建的职场人，在机械工程行业工作。他也是一名三个孩子的爸爸，因为工作太忙，常常没有时间陪伴孩子。2017 年，他开始运营付费社群，经过 7 年耕耘，他已逐渐转型为一名无忧无虑的自由职业者，既有充裕的时间照顾家人，又能专注于深入研究自身的兴趣爱好。

David 是如何做到的呢？这要从他创建公众号这件事说起。

**1）发现社群的商业价值**

2015 年，David 一直想在网络上寻找一个类似论坛的平台，以便与同行们讨论行业相关问题。当时，许多内容创作者都通过自己的公众号来分享知识，并与粉丝交流心得。David 观察到这些公众号评论区充满了热烈的讨论氛围，这与他想创建一个类似论坛的交流圈子的想法十分相似。因此，他注册并运营起了自己的公众号"机械狗图纸"，专注于分享机械工程设计资料。

慢慢地，越来越多的同行开始关注 David 的公众号，并在评论区积极发表观点。看起来，David 似乎已经成功地为机械工程师们创造了一个同行交流的圈子，如他最初的设想一样。然而，随着关注人数不断增加，后台留言的数量也逐渐增多，不断有人寻求合作机会，或者求取更多机械工程设计资料。每次看到这些消息，时间有限的 David 总是感到力不从心，很难及时回复。因此，他萌生了为读者创建一个专属微信群的想法，以便大家实时交流，同时也能减轻自己的运营压力。

因此，David 在他公众号的"关注自动回复"和"菜单栏"中设置了引导读者加入微信群的话术。话术一经发出，微信群人数迅速飙升，1 个、2 个、3 个、4 个、5 个……颇有芝麻开花节节高的趋势。从那时起，除了在公众号上分享与机械工程相关的内容，他同时在微信群内协调各类合作信息。渐渐地，他发现自己的工作与社群运营无异。

> 我发现，围绕"公众号+微信群"聚拢的人和信息，实际上共同组成了基于网络存在的虚拟社群。这个社群连接了不同物理空间的人们，并提供了良好的交流平台。在互联网信息爆炸的时代，人们很可能越来越倾向于借助这种社群屏蔽信息噪声，获取自己需要的信息和满足同频交流的社交需求。在这种情况下，如果自己能成功塑造一个品牌社群，再设立付费门槛，那么社群就有机会获得长期发展，作为群主的自己也能获得收益，甚至通过运营社群实现衣食无忧。

这对当时还是上班族兼"奶爸"的David来说，确实非常吸引人。如果成功了，意味着他可以成为一名拥有"睡后收入"的自由职业者，也将拥有更多时间陪伴家人和研究自己的兴趣爱好。

> 既然如此，为什么不试一试？

David将所有微信群统一命名为"机械狗社区-××区"（××表示群编号），并开始对外宣传推广，但没想到的是，用微信群服务用户的方式，给自己和用户带来了不少问题。

**2）找到适合社群的商业模式**

随着微信群数量越来越多，David每天看着微信群里源源不断涌出的互动消息，内心充满了喜悦，但也多了份忧愁，他发现了一些急需解决的新问题。

一是，微信群内难以沉淀有价值的信息。比如，当群内发言人数众多时，有价值的信息很容易被其他无关的聊天信息淹没。即使在群内搜索关键词，也需要翻阅大量聊天记录才能找到需要的信息，效率非常低。

二是，群与群之间的会员无法实现有效沟通。举个例子，当群友在 A 群内提出问题，并展开有关该问题的讨论时，David 需要做多次复制和粘贴操作，才能将这些有价值的信息同步到其他数个微信群中。这种操作浪费了大量的时间和精力。

三是，微信群不方便存储、搜索文档和图纸等资料类文件。不论是群主上传还是群友下载，都需要借助网盘等外部工具才能实现资料的共享和分类，操作过程烦琐不便。

四是，微信群设立了付费门槛，但群主无法批量收款，需要逐个收款和核对群友的信息，也很难实现续费服务，这些无疑会浪费群主大量的时间和精力。

发现这些问题之后，David 意识到，使用专业的社群工具才是解决问题的长久之计。像亦仁一样，他开始在市场上留意并试用诸多社群工具，最终锁定了知识星球。

> 对比不同的社群工具后，我发现知识星球是一个移动端的付费论坛，每个人都可以在上面创建属于自己的社群。群主能以帖子的方式方便地将微信群里有价值的信息沉淀到社群，也可以将社群的内容同时发布到所有微信群。显然，知识星球可以成为我的微信群之间沟通信息的桥梁。
>
> 在知识星球里可以创建付费社群，会员支付的门票费直接进入群主的钱包，群主提现无忧。在知识星球里也很容易实现文档有序、长久地存储，会员使用群内的标签

功能或搜索功能，很快就能找到自己需要的信息。知识星球完全可以解决我的问题。而且了解了官方团队的介绍之后，我也很认可他们的产品定位，选择知识星球的想法就更坚定了。

在知识星球运营"机械狗 VIP 社区"的第一年，David 仍以提供与机械工程技术相关的文档、设计图纸和视频等资料作为主要服务内容，然而，他发现微信群中群友发布的设备采购需求逐渐增多。他开始整理这些需求，并以主题帖的形式在社群中发布。紧接着，他将这些帖子以链接的形式发到所有微信群。他称这个过程为需求广播，如图 0-1 所示。

随着需求广播常态化，很多"潜伏"在微信群内的供应商为了第一时间获得采购信息，创造订单营收，纷纷付费加入"机械狗 VIP 社区"，David 的社群收益节节攀升。

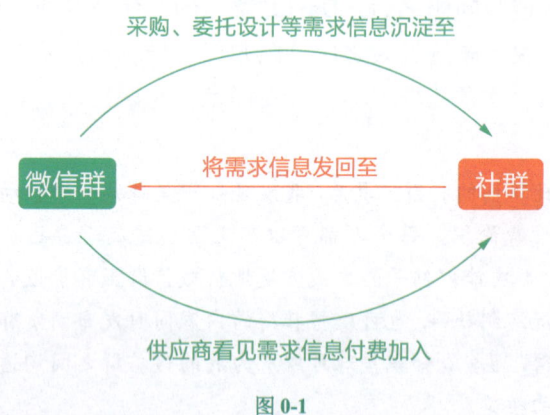

图 0-1

3）成为自由职业者

"机械狗 VIP 社区"经营至第二年，会员数量不断增加，这给会员和 David 带来了超出预期的回报。在这个社群，许多会员成功接到了需求订单，收获了远比门票费高得多的订单利润；而 David 自己也从中获得了收益，这些收益不仅维持了整个社群的良好运行，还改善了他们一家在福建的生活。

自然而然地，David 脑海里浮现出一个想法：

> 只要社群收益稳定，即便辞去"铁饭碗"工作，专心运营公众号、微信群和社群，是不是也能养活一大家人，同时还能多点时间陪孩子？

这样的想法无疑充满了诱惑，但前方潜伏着未知的挑战，若失败，全家生活水平可能因此下降。David 在第一时间与家人分享了自己的想法，追求稳定的父母强烈反对，只有妻子给予了支持。在相左的意见中，他反复纠结，最终 David 还是决定为理想生活勇敢尝试。

他不敢怠慢，在坚守之前运营路径的同时，还加大了推广力度。他通过在公众号上发布文章吸引新读者关注，同时邀请他们免费加入微信群。最后，通过需求广播吸引微信群用户加入社群。微信群的人数不断爆满，群的数量从原来的十几个增加到几十个，服务强度也随之增大。

经过一段时间的不懈努力，"机械狗 VIP 社区"的规模进一步扩大，David 开始招募兼职人员来协助运营。同时，他也逐渐腾出更多时间陪伴家人，一步步地实现了理想中的自由职业者生活的愿景。

本以为这样的生活会一直平稳地向前，不承想在 2020 年，疫情的到来改变了所有人的生活，诸多企业不可避免地受到了影响，当时 David 的微信群里有许多供应商表示因疫情的影响而暂停了生产，这让他开始担心社群的运营能否继续下去。然而，事实却出乎他的预料，市场上的口罩供不应求，微信群内关于生产口罩设备的采购需求反而增加了。同时，加入社群的人数也比预期中更多。在那段时间里，David 变得比以往更加忙碌，他每天都在帮助大家对接采购需求信息。年底盘点全年收入时，他惊喜地发现社群的收益不仅比上一年增加了，而且公众号的读者也超过了 20 万人。

"机械狗 VIP 社区"会员已超过 8000 人，David 也越来越喜欢运营社群。不仅仅是做社群获得了收入，他还从运营社群的过程中找到了实现自我的价值感。

> 此前性格内向但责任心很强的我，虽然在外人羡慕的国企单位工作，但一直没找到自己存在的意义，运营社群后，每天帮会员解决问题，反而变得快乐和充实，这是此前没有想到的。这份成就感会激励我一直把社群做下去。

做社群是一项值得长期投入的事业，也是任何人都可以尝试的事情。在 David 看来，互联网社群的形式多种多样，可以基于微信群、QQ 群，也可以基于任何一家互联网平台。即使随着互联网的发展，大平台可能会出现兴衰变迁，但只要网络存在，人们对获取信息和社交的需求就会持续存在。

社群能够突破时间和空间的限制，并成为人们进行跨时空交流的最佳平台，创建社群的人们也会通过参与社群获得改变人生的机会。

## 第二节
### 互联网社群时代已来

在当今信息爆炸的互联网时代，通过齐俊杰、亦仁和 David 的故事，我们可以深刻理解互联网社群是筛选有价值信息和提供高质量社交关系的绝佳载体。任何人都有机会创建属于自己的社群，并借此实现知识变现，从而改变自己的生活。

这也引发了我们的好奇心：为什么互联网社群具备如此强大的能力呢？事实上，这不仅与时代环境和人们的需求有关，也与社群所固有的属性息息相关。

早在 1987 年，著名社会学家 Worsley 就提出了"社群"概念。他认为，可以将社群解释为地区性社区，代表着一个具有相互关系的网络。社群还具备一种特殊的社会关系属性，包括了社群精神（Community Spirit）或社群情感（Community Feeling）。根据这个定义，社群指的是一群共同生活和社交的人，可能是住在同一所房子里的人，也可能是居住在一个村庄、城镇、国家的人。他们有着相同的地理位置特征，或者有着某种国籍、文化、种族、宗教、兴趣爱好等身份特征。可以说，只要人们聚集在一起，社群就会存在。然而，这样的"社群"是指人们因某种共同需求而在物理空间聚集互动的传统社群。还有一种社群是存在于网络虚拟空间的"互联网社群"，它是随着互联网技术的进步和社会的发展而产生的，这类社群是本书讨论的重点。

了解互联网发展历史的朋友都知道，互联网社群是随着网络社交平台而出现的，普通人在使用微信、微博、QQ等社交应用程序与他人联系和分享的同时，读者群、好友群、班级群、公司群等互联网社群也随之出现。与传统社群一样，互联网社群也能够实现人与人、人与物、人与内容之间的连接，只不过它们存在于虚拟空间，无法被人们看见和触碰。它可以依靠社交应用程序和一些运营规则以不可思议的速度扩大规模。

例如，一群热爱足球的人聚集在同一个微信群中，他们可以自由邀请有相同爱好的人加入社群（在群主的允许下）。在这个社群里，每个人发出的消息都能迅速得到他人的回应。相比传统社群，互联网社群具有更广泛的受众和更频繁的人与人之间的互动。因此，许多创业者会通过创建付费社群来筛选目标用户，并增强与他们之间的联系，进一步提升个人品牌价值和用户忠诚度，最终实现个人的影响力变现和知识变现。

在知识星球创始人吴鲁加看来，付费社群的价值可以运用营销学中的销售漏斗模型进行解释。销售漏斗模型描述了产品如何从吸引消费者的注意力开始，逐步激发消费者的兴趣和欲望，并最终促使他们做出购买决策。

将这个模型应用于知识付费的场景，我们也可以观察到类似的用户数量递减的漏斗过程。以内容创作者从公共领域进入私人领域，从提供免费内容到提供付费内容为例，创作者最初可能在公众号、微博等免费开放的内容平台上分享知识和经验，然后他们逐渐收窄到微信群、QQ群等免费空间。最终，他们将进一步迭代到付费空间，例如付费群、知识星球，甚至私董会、课程训练营等，如图0-2所示。

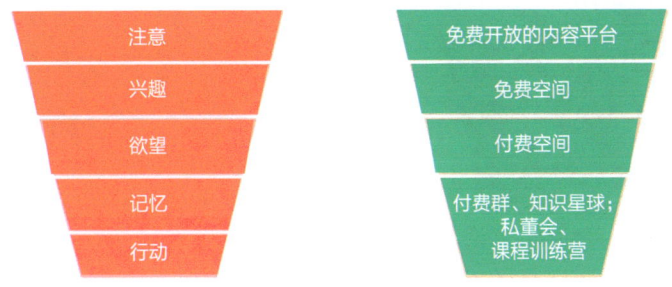

图 0-2

在向漏斗底部前进的过程中，尽管从表面上看用户数量在减少，但对于内容创作者来说，实际上这是一个淘汰那些短期内无法建立信任的用户，同时找到并留下那些充分信任和认可他们的核心用户的过程。在这个过程中，内容创作者可以深入挖掘所在行业的潜在价值，对分享的内容或提供的服务进行精细打磨，从而进一步增加核心用户的信任。凭借这份信任，他们就能够找到那些愿意为自己付费的人，从中获得一定的收益。

读到这里，有些朋友可能会问：在这个漏斗中，从上到下，90%甚至更多的用户都消失了，这种"越做越少"的商业模式能够持久吗？当然可以，齐俊杰、亦仁和David的社群故事，恰好展示了用户数量从少到多、从多到少、再从少到多的完整过程。

在知识星球里，很多和他们一样的内容创作者和企业主在当初创建社群时，只有几百人甚至几十人愿意付费加入。但通过专注而精心地运营社群，不断创新服务，他们的社群规模逐渐扩大到几千人甚至几万人，并获得了更多的合作伙伴和更多的投资机会。因此，销售漏斗图可以通过图 0-3 来重新解读。

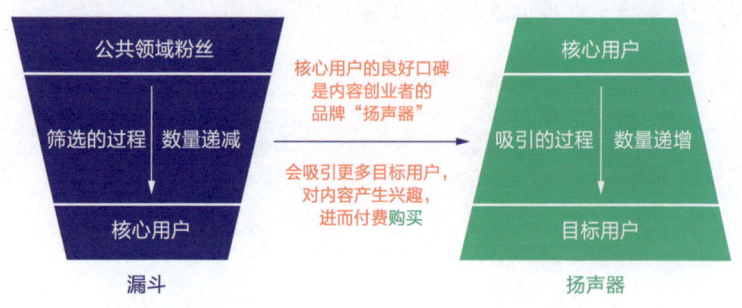

图 0-3

将漏斗做 180°翻转后，就变成了一个扬声器。当内容创作者有了业务中最本质与最核心的一批用户时，就可以将漏斗做这样的翻转，让它发出声音，扩大社群影响力。

正如巴菲特所言，人生就像滚雪球，重要的是找到湿雪和长坡。在运营付费社群之前，每个人都需要选择一个值得长期投入的方向，即所谓的长坡。然后开始积累能够持续提高势能的力量，也就是核心用户，这就是所谓的湿雪。只有这样，雪球（付费社群的规模）才能越滚越大，成为你的核心资产。

无论你是行业的知名人士，如齐俊杰，或是具备特长的人才，如亦仁，抑或像 David 那样，是一个善于分享、想帮助他人的人，只要你想，你就能做成一个属于自己的社群。这个社群可以帮你扩大影响力，找到志同道合的伙伴，也能帮你开拓事业版图，让你有机会成为年入百万元或千万元的行业领军人物。

## 序 章  每个人都值得做一个社群

这一切，正如凯文·凯利[1]的名言：

> A creator, such as an artist, musician, photographer, craftsperson, performer, animator, designer, videomaker, or author – in other words, anyone producing works of art – needs to acquire only 1,000 True Fans to make a living.
>
> 任何从事创作的人，例如艺术家、音乐家、摄影师、工匠、演员、动画师、设计师、视频创作者、作家等，只要能获得 1000 名忠实粉丝，就能实现生计无忧、自由创作。

社群就是那个能帮助我们连接 1000 名甚至 10000 名忠实粉丝的载体。那么，如何成功地运营一个属于自己的社群呢？其实做社群是需要掌握一些运营方法的，而这也正是本书希望向读者传授的内容。

---

1 凯文·凯利，《连线》杂志创始主编，知名科技思想家，被称为"网络文化"的观察者和发言人。

## 第三节 这本书帮你做好社群

本书所介绍的社群运营方法和技巧，均来自知识星球群主们多年积累的宝贵经验。他们中的大部分人已经拥有超过 3 年（有的超过 7 年）的社群运营经验，其付费会员数量均超过 1000 人，有些甚至达到几万人之多。大家读完这本书，选对社群工具，依靠个人的力量也能成功运营一个社群。

本书详细为大家拆解了从 0 到 1 做社群所遇到的六大核心问题：

- 社群定位。
- 社群创建。
- 社群推广。
- 社群服务。
- 社群增值。
- 社群续费。

针对每一个问题，书中给出了相应的解决方案和来自一线的实践案例。

第一章详细介绍了群主在决定创建社群时可以考虑的三个运营方向，并提醒大家在确定方向时需要注意的问题和最容易掉进的"坑"，以帮助群主踩稳创建社群的第一步。

第二章和第三章介绍如何创建社群，包括取社群名字、定社群 Slogan、编辑群主和社群介绍、给社群定价等，帮助大家打造出令人印象深刻的社群形象，牢牢占据目标用户的心智。

另外，还介绍了如何制定出一个合理且令人满意的社群门票价格，这关系到群主能否高效、精准地找到潜在的付费用户。比如，第三章通过介绍六种影响门票定价的因素，以及四种门票定价策略，力图帮助群主制定一个既能让会员愿意付费又令自己满意的门票价格。这一章还分享了如何借助不同的调价策略快速实现涨价目标，同时增加付费人数的方法。

第四章和第五章主要介绍社群迈入运营阶段之后，群主必须完成的第一项任务——推广社群，然后从公域（如公众号、抖音、小红书等）和私域（如朋友圈、微信群等）两大渠道着手，为读者逐一介绍相关推广策略。用心学习和运用这些方法，相信大家很快就能找到同频的付费用户。

第六章和第七章重点介绍了两种常见的社群内容输出模式：群主独立分享和多人共建内容，并探讨了社群内容运营和活动运营的各种方法与技巧。通过这些章节的学习，群主们可以学会如何按时交付和持续更新社群服务，从而增强会员对社群的信任感和满意度。

第八章聚焦社群增值主题，主要介绍了常见的社群衍生付费服务项目，分享如何在现有服务基础上洞察和挖掘会员的新需求，创造新的付费服务项目，从而提高社群价值，突破社群收入的天花板。

　　第九章主要讨论社群续费主题，从日常运营和续费活动两个角度提供了有利于提高社群续费率的方法。这一章分为三个部分：如何在日常社群运营中增加会员的信任感；如何培养会员的续费意识，这是让会员主动续费的关键；在社群进入续费期后，提高社群续费率的技巧有哪些。做好这三步，社群就有机会穿越周期，发展壮大，成长为一棵参天大树。

　　此外，在本书部分章节结尾还以二维码的形式扩展了相同主题的内容，读者只需扫描二维码，即可免费阅读。相信大家在阅读完这九章的内容后，必定能够熟练掌握社群运营的方法和技巧，并能够灵活运用到实践中。

　　社群是一件值得长期做的事情，它的本质就是踏踏实实地帮助会员解决问题，只要做好了，时间就是我们的竞争壁垒。

　　祝愿每位朋友在做社群的过程中都能一往无前、马到成功。

# 社群
# 定位篇

**打造付费社群第一步**

清晰的社群定位，可以让路过和听到你社群的用户马上了解到他可以获得什么，以及能够解决他的哪些难题，以便缩短他是否要付费加入社群的犹豫期。做社群定位也是群主对自身能力进行梳理的过程，知道自己的能力范围，才能更好地帮助社群用户。

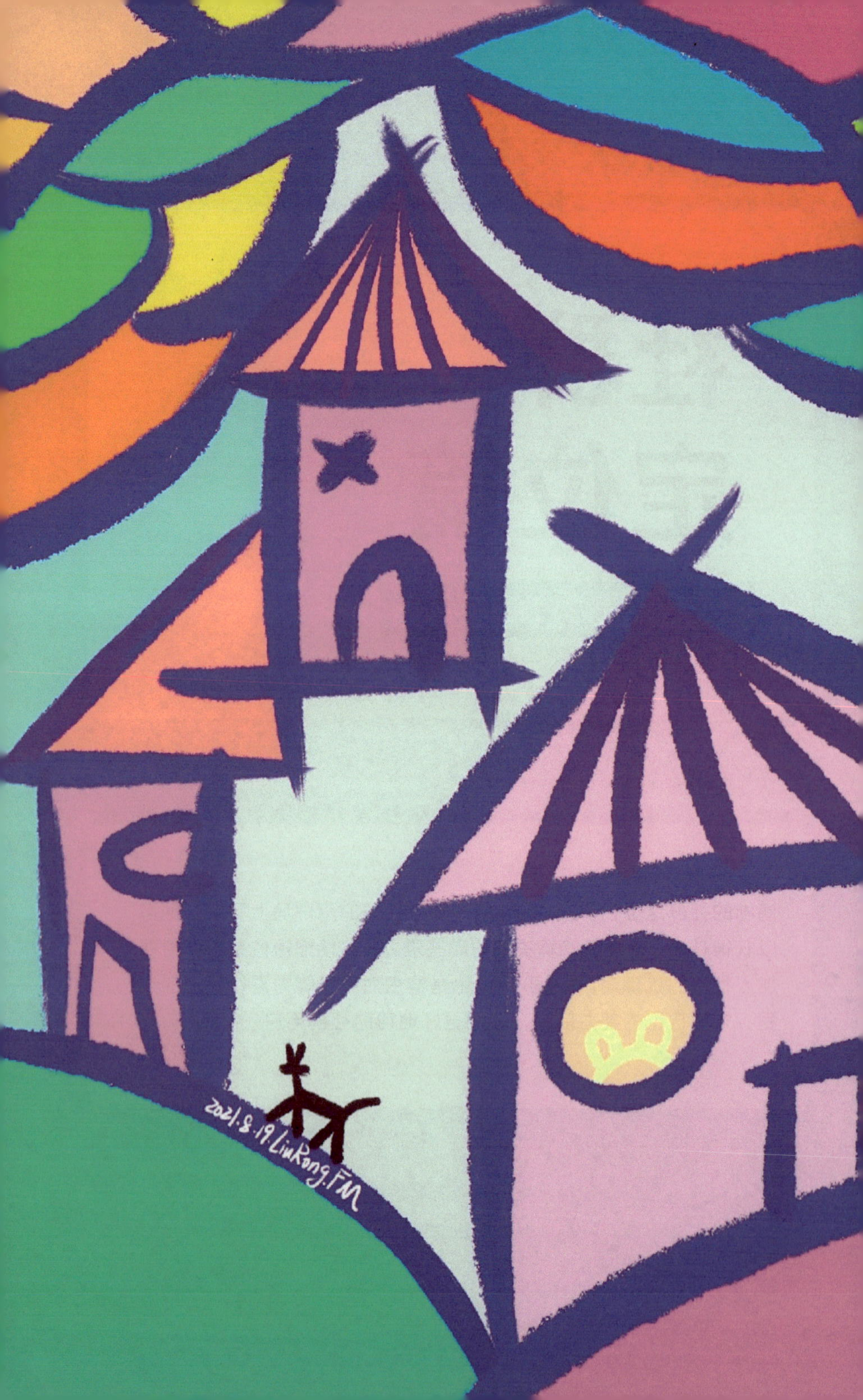
2021.8.19.LiuRong.FM

# 第一章

## 必须想清楚做什么样的社群

"做好社群"有方法可循,通过正确的方法和持续的努力,做好社群水到渠成。那么,创建社群的第一步应该是什么呢?我们观察了数万个社群在知识星球中的发展历程,发现解决以下三个关键问题至关重要。

- 明确做社群的目的和找到自己的优势。
- 找到适合自己的社群定位。
- 避开社群定位的误区。

在本章,我们将分享几位千万级社群的群主所采用的有效的社群定位方法,以帮助每位有意创建社群的朋友迈出成功创建社群的第一步。

398　　161

## 第一节
### 明确目的：社群为目标用户解决什么问题

英国哲学家培根说：

> 认知决定思维，思维决定行为，行为决定结果。

做社群也是如此。

群主应该清晰地知道自己创建社群的目的，这样就可以围绕目的有条不紊地准备内容、设计推广方案和寻找愿意为社群付费的人。相反，在创建社群前，如果没有思考清楚创建社群的目的，那么在准备内容和设计社群服务项目时就容易迷失方向，导致运营节奏混乱，做社群这件事也很可能因此"竹篮打水一场空"。所以，创建社群之前明确"做社群的目的"尤为重要，值得每一位读者抽出时间认真思考。

#### 1. 找到并解决真实问题

人们创建社群的动机各不相同，但其中普遍存在一个共识，那就是期望社群能够为他人以及自己创造价值，同时便捷高效地为他人解决问题。如果要进一步具体化，可以再向自己提出两个问题：

（1）当前有哪些迫在眉睫的问题需要解决？
（2）做社群是否为解决这些问题的合适的方法，并能带来收益？

一旦解答了上述问题，社群的运营方向便会清晰呈现。

社群可以看作一种产品。一个成功的社群，必须具备成功产品所具备的核心元素，而最基本的就是"寻找并解决真实问题"。在现实生活中，如果能够找到真正存在的问题，并通过与受此问题影响的人群进行交流，进一步判断出是否能够通过社群解决这个问题，如果可以，那么就可以通过创建社群来试水。

**问题越重要，受影响的人群越广，社群的价值可能就越大。** 而社群的价值取决于能否为这些问题提供切实有效的解决方案，并且得到用户的认可且用户愿意付费。如果社群服务能够满足这些要求，那么就意味着你已经找到了产品与市场的完美结合点。

以社群"生财有术"为例。前文介绍过，群主亦仁在2017年正式创建社群之前，发现他的公众号读者和微信好友都对赚钱抱有极大的好奇心，但是由于缺乏合适的交流场所和通畅的信息渠道，无论是他自己、他的创业朋友，还是在岸边犹豫观望的人，都无法及时获得各种新颖有效的商业项目。

要做事，认知是第一步。**信息不畅，认知不够，就难以成事**，这是他观察到的问题。

亦仁试图通过微信提供咨询服务，他秉持着"有问题就要解决"的原则，任何人只要在微信上给他留言，他都会耐心回答。这种方式使他与许多创业者有了更深入的交流，并成功解决了许多人的问题，然而这种方式很快就遇到了瓶颈。

首先，对于微信好友，他们拥有哪些资源、有过何种项目经验、需要什么样的具体帮助，在沟通前，亦仁对这些都一无所知。他需要提出许多问题，才能了解他们的情况和面临的挑战。尽管咨询过程相当有效，但这对亦仁的时间和精力产生了巨大消耗。

其次，对亦仁来说，每次咨询过程所投入的时间、输出的内容并未形成有效积累和沉淀，也难以复用。如果有人遇到同样的问题，他还是需要花费相同的时间成本沟通处理。亦仁意识到他需要一种工具实现资源共享，同时还能创建高效的沟通空间。最终他发现了知识星球。

> 通过观察知识星球里的社群，我发现以收费作为门槛，能初步筛选出兴趣相投、价值观接近的朋友。大家在社群里交流与赚钱有关的项目，共享人脉和资源，时间复利高。一方面，聊过一次的话题，上传过一次的资料，可以在平台上随时调取。尤其对于群主而言，常见的问题在社群里答过一次，再遇到其他会员提出相同的问题，他只需要转发问题链接就能解决，大大降低了时间成本。另一方面，社群门票可以作为现金收入，有了现金流，提升社群服务质量和群主生活质量都简单了很多。社群服务质量提高，自然又能吸引更多人付费，社群便能形成良性运转的商业模式。可以说，社群能解决服务效率问题，做社群也是一门值得做的生意，尤其适合知识付费领域的创业者用来开启轻资产创业。

在知识星球里，许多成功运营社群的群主们都基本遵循着同样的底层逻辑。首先，他们明确了"我为什么要创建社群"以及"社群能为会员解决哪些实际问题"，然后他们才会开始创建社群。因为群主有明确的方向和坚定的决心，才能使社群的发展势如破竹、节节开花。

## 2. 找到自己的独特优势

"想"和"做"是两件完全不同的事情，想明白做社群的目的很重要，提前盘点做成社群的优势和资源也很重要。现在请思考：

> 我具备哪些个人优势？
> 我是否拥有一份权威认证或含金量高的技能证书？
> 我是否具备成功且具有影响力的项目的经验？
> 我是否出版过一本或几本著作？
> 我是否拥有超过五年的职场经验？
> 我是否拥有一定数量的粉丝或人数庞大的私域好友？
> 我是否认识不少行业大咖？
> ……

如果你具备其中一项或多项优势，那意味着你可以解决某类人群的问题，并且有能力赢得他人的信任。因此，你完全可以勇敢地开启社群之旅。在知识星球创建社群的群主

Juan 姐[1]认为，拥有一定数量的粉丝对做成社群有如虎添翼的作用。

> 根据我的经验，有粉丝群体的群主很快就能让社群从零发展壮大。比如，我在做社群之前，因为阅历比较广泛且擅长解答情感类问题，因此获得了一批读者的关注。创建社群后，没有花钱，也没有和大咖合作，仅靠自己推广也找到了付费用户。
>
> 相反，如果我是没有粉丝的素人，在公众号、小红书等公域渠道推广时，陌生人很难因为我的一次推广就付费加入社群。除非有大咖"站台"，大咖"站台"也等于借用大咖的影响力给社群的信任背书。但是，大咖又能帮忙"站台"几次呢？
>
> 作为素人的我，总有一天还是要在公域平台建立自己影响力的，通过积累信任值，才能不断找到付费用户。当然，也有人会认为，不在公域推广，也可以在朋友圈、微信群等私域渠道推广社群。但别忘了，私域流量往往来源于公域流量，群主在公域渠道没有影响力，在私域渠道推广社群也并非长久之计。
>
> 所以，一个人拥有一批认可自己的粉丝，是做成社群的一大优势。

不过，具有一定量的粉丝并不是做成社群的决定性因素，即便没有粉丝也可以做成社群。在知识星球里，有许多从 0 到 1 成长起来的群主。

---

[1] Juan 姐，情感咨询师，公众号"花神妙"主理人，在知识星球创建有社群"花神妙华云境"。

## 第一章　必须想清楚做什么样的社群

宏杰[1]是一名资深设计师，在刚开始做社群时，他没有粉丝，也没有数量庞大的微信好友，更没有大咖人脉和充足的现金，但他做成了自己的社群。他做社群的初衷很简单——把社群当作工作笔记，每天记录自己的设计心得，解析、点评前沿新颖的设计案例，分享设计师必需的设计工具、软件教程和行业资讯。

在创建社群的初期，他的社群门庭冷落，但宏杰并不气馁，稳扎稳打，日复一日地在社群内沉淀对设计师有价值的内容，同时开始运营自媒体账号。当他在社群内积累了不少优质内容后，开始摘选部分精华内容并转发到朋友圈、自媒体账号上，渐渐地，身边的同行和不少素未谋面的设计师开始关注他，并主动付费加入他的社群，与他交流设计经验，向他咨询设计问题。就这样，宏杰的社群在 2023 年迎来了 1000 多位设计师。

群主兔妈[2]在刚开始做社群时，是一名月薪几千元的文案人，没有粉丝、人脉和现金，但她也做成了自己的社群。

2018 年，兔妈怀着提升文案能力的愿望，加入了群主关健明的社群，学习如何撰写爆款文案。经过关健明老师的点拨，兔妈开始在朋友圈分享爆款文案的写作技巧。然而，她意识到在朋友圈的分享无法让自己方便地检索曾经的想法和总结过的经验，经过一番思考后她决定和关健明一样，在知识星球创建自己的社群。她每天边学边在自己的社群里记录学习心得，然后从中选取部分内容转发到朋友圈。

坚持了一个月之后，兔妈意外地接到了一位创业者的订单。这位创业者非常欣赏兔妈的业务能力和学习态度，请她

---

1 宏杰，资深设计师，在知识星球创建有社群"设计·派"。
2 兔妈，上市企业高级讲师，多家平台头部商家卖货文案顾问，《爆款文案卖货指南》作者，在知识星球创建有社群"爆文卖货与文案变现"。

为自己的产品撰写一篇产品文案。令人惊喜的是，该文案一经投放，订单转化率达到了惊人的 7.8%，相比同行平均水平高出了 3.9 倍。兔妈的声誉一夕之间传遍了业界，订单源源不断地涌入。随后越来越多的人加入她的社群，希望能向她请教和学习。如今，她的社群已经吸引了 2600 多名付费会员。

> 人若无名，专心练剑。

我们看到的每一位做社群的佼佼者，有些最初并不具备做社群所需的优势，但他们专注于提升技能，坚持在社群里记录自己的学习心得和经验总结，并通过高质量的内容获取会员信任。最终，他们都取得了令人瞩目的成就。

## 第二节

### 找到社群定位：适合的才是最好的

一旦明确了创建社群的目的并找到自己的优势，我们在"做什么样的社群"这条路上已经迈出了一大步，而下一步工作则是找到社群定位。在这个过程中，须谨记一个重要原则——<u>稳定地</u>为社群会员提供服务。这意味着必须持续稳定地提供有价值的服务，以满足社群会员的需求。

如何评估自己是否具备这样的能力呢？最简单的办法就是，问自己最擅长回答哪个领域或行业的问题，就像群主亚楠[1]所说的：

> 只要你能回答某个领域或行业的 1000 个问题，就有机会成功运营一个社群。

但是并非所有人都能达到这个标准。没有达到这个标准的人，就不能做社群了吗？并不是。事实上，我们从以下三个维度考虑，每个人都能找到适合自己的社群定位。

---

[1] 亚楠，国际蒙台梭利教师，《蒙台梭利家庭方案》系列图书作者，在知识星球创建有社群"在家蒙台梭利星球"。

- 喜欢的事。

- 擅长的事。

- 有市场需求的事。

（1）喜欢的事。"喜欢的事"不一定能带来收入，但能够满足我们的精神需求。举个例子，如果喜欢摄影，喜欢分享穿衣心得，喜欢阅读等，那么可以根据这些兴趣爱好创建社群。知识星球里的社群"二爷书友会"就是基于群主的阅读爱好而创建的，而社群"CHILLBOYCREW"的创建则源于群主喜欢分享穿衣搭配技巧。

这类社群或许在短时间内无法为群主带来可观的收益，但它们能够帮助群主找到与自己拥有相同趣味的人，大家一起交流，获得愉悦的精神体验。从这个角度出发，任何喜欢的事情都有机会成为社群的运营方向，哪怕是喜欢玩滑板或者喜欢收集石头。

（2）擅长的事。有些事不一定是你喜欢的，但你做了能帮助他人解决问题。例如，知识星球里的财经类社群"树泽的成长星球"、编程技术类社群"小六的机器人 SLAM 图"、设计美学类社群"Nod 谈认知与设计"等，这些社群都是基于群主的专业能力或擅长的技能而创建的。在这类社群里，群主提供系统的付费服务，帮助会员提升专业能力，同时也让群主获得了成就感和一定的收入。所以，如果你也有一技之长，愿意为他人排忧解难，不妨沿着自己擅长的方向创建一个社群。

（3）有市场需求的事。这类事情针对特定群体的痛点来提供解决方案，并能够带来经济收益。例如，有的群主发现，那些面临人际关系问题的人常常有购买咨询服务的需求，因此他创建了一个专门解答情感问题的社群。做成这类社群，群主不一定要精通某项技能，也可以聘请该领域的专家交付服务。因此，只要能够在市场上找到一个小而细的需求点，并找到解决办法，就有机会做成一个社群。

从以上任意一个角度切入，每个人都有机会找到适合自己的社群定位。然而，什么样的定位才是适合的呢？很多群主一开始以自己喜欢的事为出发点，后来发现自己有很多喜欢的事，难以抉择；转而开始考虑自己擅长的事和有市场需求的事，于是又陷入了令人纠结的境地——是选择擅长的方向，还是选择有市场需求的方向？自己到底适合哪个方向？

如果你也面临相同的困惑，可以采用以下方法进一步确定社群定位。

第一步，分别找出自己喜欢的事、擅长的事，以及有市场需求且和自己相关的事。

第二步，将以上三类事相互组合："喜欢的+擅长的""喜欢的+有市场需求且和自己相关的""擅长的+有市场需求且和自己相关的"，抑或三者兼而有之，如图1-1所示。

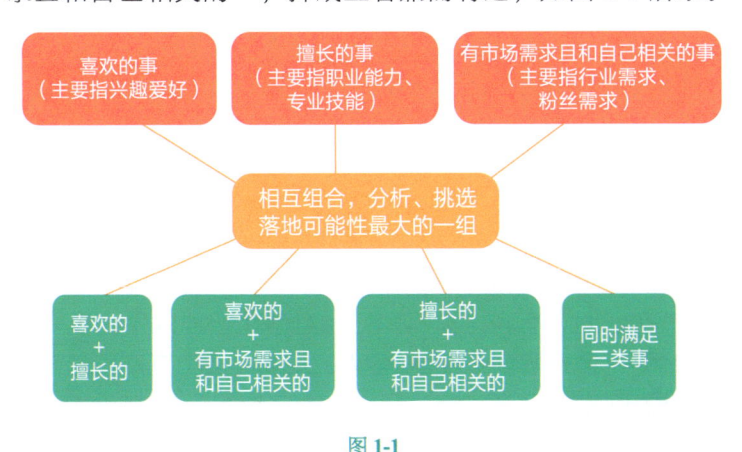

图 1-1

第三步，从以上组合中分析、挑选落地可能性最大的一组。

找到同时符合三类事的社群定位是最理想的结果，但实际情况是很多群主会发现同时符合三类事的社群定位很难找到，或者每个组合的可行性都十分接近，难以做出选择。那么应该怎么办呢？在这种情况下，可以根据"做社群的目的"进行取舍。

群主松月建议尝试问自己以下三个问题：

> 你有什么？你要什么？你舍得放弃什么？
>
> 我在多家大型互联网公司做过运营工作，曾涉猎用户运营、内容运营、活动运营等多种业务，并且对它们都有兴趣和经验。在决定做社群帮助同行提高运营能力时，我也纠结过应该选择哪个方向。后来再三思考，因自己精力有限，不可能面面俱到，只教自己最擅长的且从业者也需要的技能，或许会相对轻松一些。
>
> 想到自己长期主攻与增长有关的业务，并且出版过一本著作《从流量到留量》，在增长运营上算是颇有心得。加上长期观察到身边不少运营从业者都有提升业务能力的需求，遵循最优解的原则，我最终选择了自己擅长且有市场需求的社群定位——帮助运营从业者提升与增长有关的业务能力。

事实证明，有舍才有得，松月自创建社群以来，仅靠一个人就将社群运营到了 8000 多人的规模，成为互联网运营类社群里的佼佼者。

所以，当我们在考虑社群定位时，最理想的情况是同时满足"自己喜欢且擅长，并且有市场需求"。若无法全面兼顾，那么可以先从自己擅长解决哪部分人的难题着手，这样至少能确保社群服务的质量，吸引特定的垂类领域人群加入，使社群能够顺利运营下去。随后，我们可以考虑将社群做横向拓展。通过这样的方式，社群就有了无限发展的可能。

## 第三节
## 三个小锦囊：如何做好社群定位

为了确保社群能够成功启动并拥有持久的生命力，群主需要绕过社群定位的几个误区，否则后续的运营可能会面临重重困难。通过与多位知识星球优秀群主对话，我们总结出了能够帮助大家成功定位社群的三个小锦囊。

**锦囊一：社群定位"小而精"胜过"大而全"**

群主唐韧[1]认为：

> 大部分产品的失败，并不是赛道不对，也不是机会不好，而是社群定位出现了问题。若定义付费社群为一款产品，最容易犯的错是"大而全、宽而广"，追求全覆盖受众，希望做大平台。之前我也犯过这样的错，什么都想做、什么人都想服务，最终发现行不通。因为实际情

---

[1] 唐韧，京东前产品经理，《产品经理必懂的技术那点事儿》作者，在知识星球创建有社群"唐韧的产品星球"。

第一章　必须想清楚做什么样的社群

> 况是——在一个信息爆炸的时代，一个社群能深度解决某个问题，就有机会被人记住。

第一次做社群便追求做成"大而全"的巨型社群，如同第一次开超市就想做全品类超级大卖场。超级大卖场中令人眼花缭乱的商品，从日用百货到食品应有尽有，放眼望去似乎都是人们需要的，只要越多人花钱购买，收益就越可观。但是，实际上几乎没有人初入陌生领域创业，就能迅速打造一个巨型产品或平台，并且让它在短时间内脱颖而出。那些令人羡慕的巨型产品，往往都需要创始人在内容、服务、合作、流量等方面付出多年努力才能做成。

做社群也是如此。如果我们潜入巨型社群观察其成长脉络，也会发现它们都是从小社群开始的——先为某垂直类人群解决一个问题，再逐步扩大到能解决多个问题。

所以做社群，先瞄准一个方向，垂直深耕，解决好一类人的问题，赢得会员口碑后，再尝试从深度或广度上优化和拓展社群服务，这才是更为稳妥的运营方式。

### 锦囊二：从服务行业新人开始

当确定了社群定位后，应该以服务哪类人群为主呢？

这是不少群主在确定社群定位时都会思考的问题。有些群主是行业的顶尖人物，无论是为行业新人服务还是为资深人士服务，他们都游刃有余，并且拥有大量的粉丝和追随者。因此，他们可能不会过多纠结于这个问题。

也有一些群主无法准确评估自己的能力水平，因此无法确定自己更适合服务行业中的哪一类人群。对于这些群主来说，可以像群主小六[1]一样，从服务行业新人开始，这样更容易让社群运营成功并有效落地。

> 我运营的是互联网技术类社群。在刚创建社群时，考虑到如果一开始就瞄准经验丰富、对服务质量有较高要求的资深从业者，可能需要投入大量时间、人力、资金才能满足他们的需求。在运营经验不足的情况下，这么做很可能陷入力不从心的境地。
>
> 所以，我决定先以满足行业新人的需求为主，随着新人能力日益增长，我再慢慢扩大服务人群范围。这么做的确是可行的，我很快找到了第一批付费用户，站稳了做社群的第一步。之后社群也在逐步壮大，2024年已经有5000多名会员付费加入社群学习。

### 锦囊三：量力而行提供服务，更容易超预期交付

群主提供的服务项目是否越多越好呢？

许多初次做社群的群主常常担心提供的服务不足以让会员满意，因此倾向于提供尽可能多的服务项目。但实际上，群主应该先稳定地提供力所能及的服务，然后根据交付效果来判断是否增加新的服务。

例如，群主承诺每周分享两篇有价值的文章，并邀请一位嘉宾每月进行分享。如果群主能够如约履行这些承诺，赢得会员的信任并非难事。在有余力的情况下，还可以额外分享更多干货文章，对会员来说就是超预期交付了。相反，如果群主一开始就承诺每周分享七篇干货文章，并每周邀请一

---

[1] 小六，前 AI 算法工程师，在知识星球创建有社群"小六的机器人 SLAM 圈"。

## 第一章 必须想清楚做什么样的社群

位嘉宾分享，但由于时间和精力有限，最终只能实现承诺的50%，会员可能会认为群主失信。因此，群主在列出社群提供的服务之前，可以先测试一轮每项服务所需的时间，并考虑自身可以用于运营社群的时长，实事求是地为会员提供服务。即使服务项目较少，但因服务质量高，社群依然能够赢得会员的信任，并因此得到持续发展的动力。

社群定位是做成社群的奠基石，值得每位想做社群的朋友认真思考。

群主条形马[1]认为：

> 你的社群定位越清晰，社群里的人才越不至于失去焦点。
>
> 因为清晰的社群定位能够告诉他们，社群里什么样的事能帮助到他们，什么样的事能对他们产生有益的影响。甚至告诉他们，社群里欢迎他们做什么样的事。并且，整个社群的价值观，是和整个社群的定位高度耦合的。
>
> 就算只是一个特别小（<30人）的社群，但会员之间有足够的信任，他们在一起做什么事情也会很开心。如果期待发展成为规模稍大一些（超过200人）的社群，这时面临的任务就是要找到最适合的社群定位，而且需要找以信任为基础的社群定位。越大的群，越需要培养以信任为基础的社群定位。在找到社群定位之前，可能需要较多的思考，而在找到后，会有一种豁然开朗的感觉："往这个方向去，那不是明摆着的吗？"
>
> 如果你有这种感觉，大概率你就找对了。

---

[1] 条形马，创业者，在知识星球创建有社群"知识星球用户增长""大门口"。

## *拓展阅读（一）

### 调研社群目标用户画像的方法

每位群主在确定社群定位时，在有余力的情况下，还可以研究社群的目标用户画像，它能够帮助群主了解目标用户有哪些特征和需求，从而精准确定社群的定位，也对后续社群的内容运营和推广拉新有帮助。感兴趣的朋友可以扫描图 1-2 中的二维码，了解目标用户画像的调研方法。

图 1-2

# 社群
# 创建篇

三秒钟，让你的社群直抵人心

社群形象，是目标用户首先接收到的有关社群的视觉信息，它是用户是否愿意付费加入社群的重要影响因素之一。

社群形象包括社群名字、社群 Slogan、群主和社群介绍、社群封面和社群门票价格等多个元素。

如何打造一个有吸引力的社群形象呢？本篇将分为两章介绍。第二章将通过大量案例展示帮助大家了解"如何打造一个良好的社群形象"；第三章则围绕社群门票价格，介绍影响门票价格的六大因素、定价思路和涨价策略。

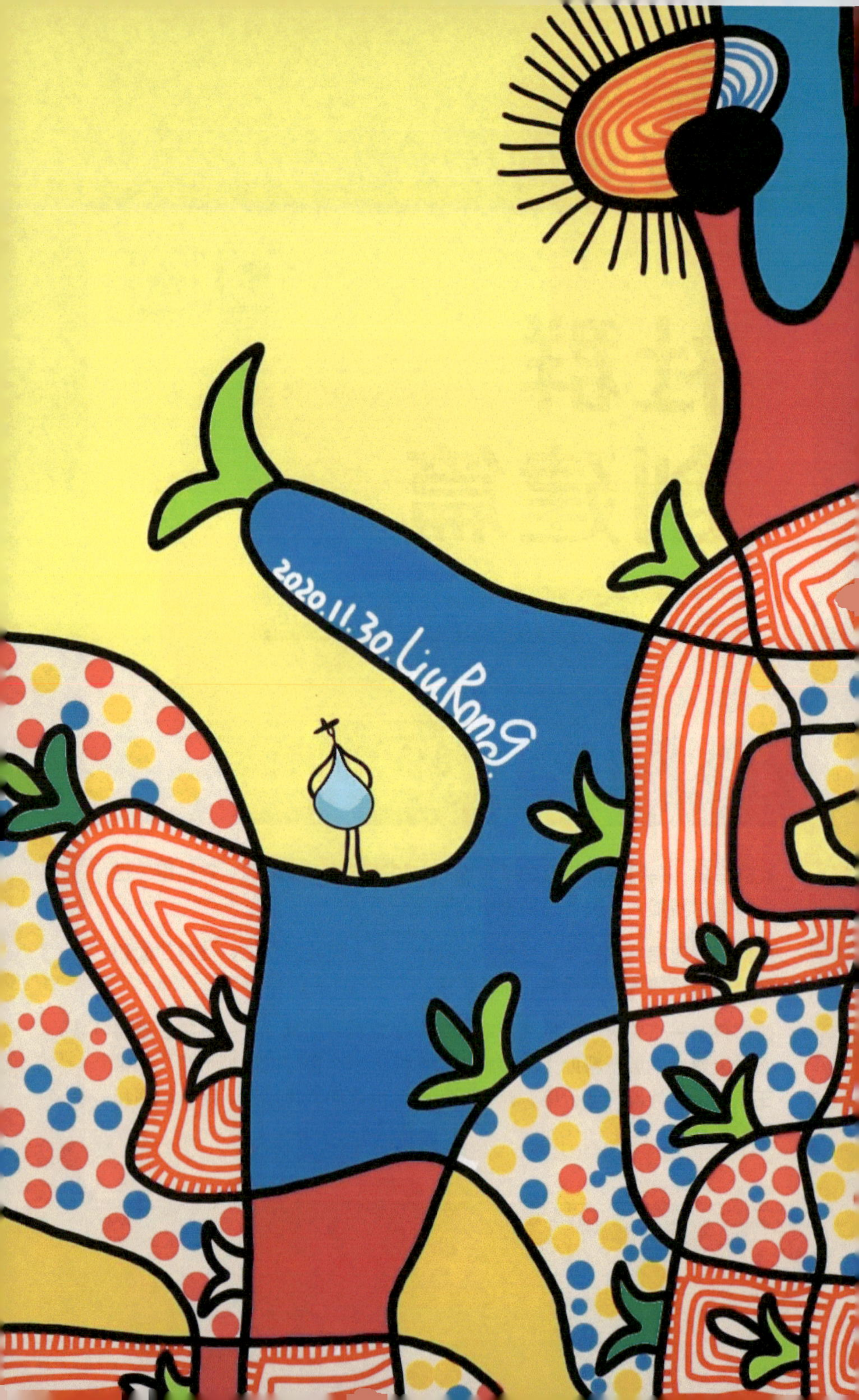
2020.11.30.LiuRong

# 第二章

## 装修社群,值得借鉴的小妙招

本章,我们将通过众多真实案例深入介绍以下主题:

- 如何为社群起一个响亮又好记的名字。
- 如何提炼一句可以准确传达并放大社群品牌形象的社群 Slogan。
- 如何撰写彰显社群核心价值的群主和社群介绍。
- 如何设计一个让人过目不忘的社群封面。

不少国际一线品牌的经验告诉我们,好的品牌形象能牢牢占据用户的心智,赋予产品更持久的生命力。群主想让社群在竞品中脱颖而出,打造好社群形象,是在创建社群时不可忽视的重要步骤。

## 第一节
### 社群名字：响亮好记是王道

同样是教人赚钱的社群，一个名为"生财有术"，另一个名为"小白基础入门赚钱点子库"，相比之下，"生财有术"这个名字是不是更朗朗上口，容易记忆，而另一个名字则显得拗口难记？群主在为社群取名字的时候，一定要像给孩子取名字一样慎重，因为后续想换更容易传播的名字，需要花费更高的成本。

请思考：

- 你希望自己的社群名字取几个字比较好？
- 哪些字更容易被人记住？如果有同音字，哪个字的寓意更好？
- 希望社群名字承载怎样的期望？

请记住，社群的名字越通俗易懂、响亮好记，越能提升社群的品牌形象。

如果你暂时对社群取名这件事还没有清晰的思路，那么可以尝试使用下面五个经典的取名技巧，从而得到一个不错的社群名字。

### 1. 五个经典的取名技巧

（1）**字数不超过 10 个字**。社群名字字数太多，则难以被人们记住，以两个互联网运营类社群为例，一个叫"运营研究社"，另一个叫"李三互联网运营行业学习交流社群"，显然前者更简短好记。

（2）**利用群主影响力**。当群主为知名博主，或者所创建的自媒体账号有较高知名度时，可以以群主名字或自媒体账号的名字为基础并加以延伸，比如"帅张和他的朋友们""粥左罗和他的朋友们""辉哥奇谭读者群"，这样的名字既能拉近群主和会员的距离，也能降低潜在用户辨识名字的难度。

（3）**从社群所属行业切入**。在社群名字里添加行业关键词，如"运营研究社""五哥的摄影小课堂"，会员仅从名字就能迅速判断社群所属行业以及是否适合加入。

（4）**保持简洁的描述**。选择使用简单的字词作为社群名字更容易被人们记住。尽管使用生僻字或外文可以使社群名字更加独特，却增加了潜在用户记住和搜索的难度。例如"Español 学习交流"，首先"Español"这个西班牙语单词并不常见，难以被人记住；其次，会员在拼写时容易混淆字母的大小写和字母顺序，使搜索变得不方便。此外，最好不要在社群名字之间添加任何符号。举一个简单的例子，"带你成长·训练营"中添加了符号·，这个符号并不常用，并且容易让人混淆中英文格式，增加了搜索成本。

（5）**明确表达社群目标**。通过社群名字清晰地表达社群目标，目标用户能够迅速知道他们能获取哪方面的知识或信息，也更容易记住这样的社群。例如"旁友圈「PPT 学习」"，明确表明群主旨在帮助他人提升 PPT 设计能力，计划学习 PPT 的朋友们一旦看到这个名字，自然而然会考虑是否想付费加入，甚至有些人看到后也可能向身边的朋友推荐这个社群。因此，这个社群更容易得到传播。

在确定心仪的社群名字时，应该灵活运用以上五个技巧，而不是简单地照搬。例如，一位技术博主的昵称为"阿赟"[1]，他使用了第二种取名技巧，为社群取名为"阿赟和他的朋友们"。虽然这个名字在该博主的读者群体中很容易被传播，但对于其他目标用户来说，他们可能不知道"赟"如何发音，即使知道，在拼写时也需要在输入表中翻查好几页才能找到这个字。在这种情况下，博主可以从社群所属行业切入，寻找一个更容易被人记住的社群名字。

因此，为社群取名，既要懂得运用技巧，也要结合实际情况才能做出最佳选择。

### 2. 优秀的社群名字参考

我们为大家准备了不同规模社群的名字参考，包括 20 个付费人数在 1 万人以上的社群名字（见表 2-1）和 20 个付费人数在 1000 人以上的社群名字（见表 2-2），希望能为大家带来更多灵感。

---

[1] 赟，读作 yūn，意为美好，多用作人名。

## 第二章　装修社群，值得借鉴的小妙招

**表 2-1**

| 20 个付费人数在 1 万人以上的社群名字 ||
|---|---|
| 1. 小众消息和他的朋友们 | 11. 老齐的读书圈 |
| 2. 生财有术 | 12. 花神妙华云境 |
| 3. 旁友圈「PPT 学习」 | 13. 199IT 数据交流群 |
| 4. AI 绘画师日记 | 14. JavaGuide&Java 面试交流圈 |
| 5. 帅张和他的朋友们 | 15. 淘金之路 |
| 6. 利友圈 PPT 学习 | 16. 珍大户的经济圈 |
| 7. 汤质的茶馆 | 17. caoz 的小密圈 |
| 8. 每日运营案例库 | 18. 编程导航 |
| 9. "辉哥奇谭"读者群 | 19. 运营研究社 |
| 10. 齐俊杰的粉丝群 | 20. 理财师八宝的朋友圈 |

**表 2-2**

| 20 个付费人数在 1000 人以上的社群名字 ||
|---|---|
| 1. Python 实战圈 | 11. 菜心设计铺 |
| 2. 腾讯安平密友圈 | 12. 今日保条 |
| 3. 觉醒创富社 | 13. 五哥的摄影小课堂 |
| 4. CVer 计算机视觉 | 14. 安全 ABC 学院 |
| 5. 997 手摄课 | 15. 县域互联网实战 |
| 6. OpenCV 研习社 | 16. 破产法百家谈 |
| 7. 3D 视觉从入门到精通 | 17. 我们 HR |
| 8. 采铜读书会 | 18. 王盐的问答社区 |
| 9. 弄潮圈 | 19. 大数据安全技术学习 |
| 10. 个人品牌创业锦囊 | 20. 新能源电池圈 |

## 第二节
### 社群 Slogan：围绕社群愿景最有效

一个优秀的社群 Slogan 能够高效传递社群的价值观，让目标用户了解社群的服务方向，甚至还能作为一个目标引领群主坚定地朝着一个方向努力，凝聚会员的力量。

如何拟定社群 Slogan？设想这样一个场景：当一群人聚在一起时，你如何自然流畅地用一句话介绍自己的社群？此刻，或许你已经在脑海中浮现出了几个备选句子，只是很难做出选择。因此，不妨将以下三个秘诀作为筛选标准，找到最心仪的社群 Slogan。

**1. 拟定社群 Slogan 的三个秘诀**

在知识星球，大部分群主会从下面三个角度思考社群 Slogan。经过验证，依据这三个角度拟定的社群 Slogan 能够加深会员对社群的印象，并且社群更容易得到广泛传播。

（1）**传递社群目标**。例如，"老齐的读书圈"的社群 Slogan 是"每天 10 分钟语音讲解，每年带您读 50 本财经类图书"。简洁的句子明确呈现了社群目标，让加入社群的人清楚了解能够在社群获取到什么。这种为传递社群目标而设计的社群 Slogan，不仅直接表明了社群所提供的服务，还起到约束的作用，督促群主认真履行承诺。

（2）**传递社群价值**。当群主难以将社群提供的服务浓缩为具体目标时，从社群价值的角度拟定社群 Slogan 也是一种不错的方法。例如，"帅张和他的朋友们"的社群 Slogan 是"拓宽每个人的职业边界，让一部分互联人走在最前面"，这个社群 Slogan 很好地吸引了目标用户加入。

（3）**传递群主目标或心愿**。俗话说："授人以鱼不如授人以渔。"如果群主希望在社群中不仅能教授会员实用的技能，还希望他们学会为人处世方面的软技能，则可以将内心认可的价值观作为社群的愿景，并围绕这个愿景设计社群 Slogan。例如，社群"安大雄的朋友们"的社群 Slogan 是"带你走出焦虑，一起成长"，这样的社群 Slogan 便能更好地传递群主的目标或心愿。

## 2. 优秀社群 Slogan 参考

如果大家在思考的过程中依然毫无头绪，可以参考下面的优秀案例，如表 2-3 所示，也能找到一些灵感。

表 2-3

### 社群 Slogan 参考案例

| 切入角度 | 社群名称 | 社群 Slogan |
|---|---|---|
| 社群目标 | 老齐的读书圈 | 每天 10 分钟语音讲解，每年带您读 50 本财经类图书 |
| 社群目标 | 旁友圈「PPT 学习」 | 学练评三个环节，系统提升 PPT |
| 社群目标 | 利友圈 PPT 学习 | 一个 PPT 学习和灵感分享的社群 |
| 社群价值 | 智享汽车圈 | 汽车+互联网人都爱用的知识库 |
| 社群价值 | 帅张和他的朋友们 | 拓宽每个人的职业边界，让一部分互联网人走在最前面 |
| 群主目标或心愿 | 花神妙华云境 | 连接华人世界年轻一代卓越大脑与上进心灵，保持纯净与美好 |
| 群主目标或心愿 | 生财有术 | 一个谈钱不伤感情的社群 |
| 群主目标或心愿 | 安大雄的朋友们 | 带你走出焦虑，一起成长 |
| 群主目标或心愿 | AI 绘画师日记 | 一个人可以走得很快，一群人可以走得更远 |

## 第三节

## 群主和社群介绍：突出核心价值是关键

在寻找工作时，一份出色的简历能有效提升个人的信誉度，并获得更多的面试机会。同样，为了让更多人看见并加入我们的社群，群主有必要设计一份详细的简历，为潜在用户阐明社群的相关信息，比如群主是谁、社群提供的服务内容、服务期限、社群门票价格以及加入方式等。只有将这些内容表述明晰，潜在用户才能了解社群的价值所在。

如何编写一份出色的群主和社群介绍呢？

### 1. 群主介绍：高调展示自己的能力

群主是社群的灵魂人物，明确、全面、立体的群主介绍将极大激发潜在用户对社群的兴趣，而优秀的群主介绍能够简洁明了地突出群主的才能、实力和创建社群的目的。写好它并不困难，只是人们往往在自我介绍时习惯于克制和过于自谦。但如果没有充分地表达自我，就无法让他人更好地了解自己，特别是在营销场景下，更需要吸引人的群主介绍。

优秀的群主介绍包含三类信息：基本信息、职业经历、能力特长。这三类信息又可以细分为表 2-4 中罗列的内容要点。

表 2-4

| "群主介绍"内容要点 ||
| --- | --- |
| 基本信息 | 名字、年龄、地域、专业、学历、毕业或在读院校 |
| 职业经历 | 曾任职于哪家公司、从事什么工作、取得过哪些成就 |
| 能力特长 | 出版过哪些行业书籍、获得过哪些行业奖项，或者取得过哪些自媒体成绩等 |

经过观察，"基本信息"中的"名字"和"毕业或在读院校"是最受用户关注的信息。如果群主毕业于知名院校，强调学校的名字可以增加群主的个人魅力。而"职业经历"和"能力特长"直接展示了群主能解决什么问题，这对目标用户来说非常重要，因为他们加入社群的目的正是希望群主能够解决自己的问题，如果缺失这些信息，大家自然无法判断群主是否有能力为自己答疑解惑，更不会有付费意愿。因此，在描述"职业经历"和"能力特长"时，群主要尽可能突出亮点，比如在知名公司担任的职位、出版过的畅销书及其销量、自媒体账号的关注人数等。

当然，以上信息并不需要非常详尽，群主只需展示自己最突出和最有价值的信息即可。

同时，像上面提到的，在描述群主的经历时要避免过于克制，但也不要过度包装。过于谦虚的自我介绍无法引起目标用户的注意，而过度包装则可能导致目标用户对群主抱有过高的期望，如果群主实际交付的服务未能达到他们的预期，口碑可能会受到影响。而只有真实客观地描述自己，才能让目标用户理性地评估社群的价值，思考自己是否适合加入社群，降低试错成本。

此外，"群主介绍"的字数控制在 140 字内为最佳。有数据表明，这是读者在 3 秒内能够阅读完的最多字数，也是能够牢牢抓住读者眼球的机会窗口。所以，群主写完自己的介绍后，不妨请朋友读一读并询问他们在 3 秒内获得了多少信息以及记住了什么，根据他们的反馈不断优化内容。

我们为大家准备了一些优秀案例，如表 2-5 所示，希望能为大家带来一些创作灵感。

表 2-5

| 群主名称 | 群主介绍 |
| --- | --- |
| 粥左罗 | "90 后"创业者，出身农村——毕业后摆摊、做服务员——一年半从月薪 5 千元涨至年薪 50 万元——创业第三年年入千万元——从北漂住地下室到北京三环有一套房、云南昆明有一套院——创业六年，成长日日不断、持续蜕变 |
| 鉴锋 | 零一数科创始人，创业 6 年来将零一数科从 0 成长为微信生态 TOP1 的代运营服务商，成为 2023 年和 2024 年"微信公开课"官方唯一举例的优秀服务商 |
| 珍大户 | 同济大学 MBA，拥有经济学学士、法学学士、金融硕士、MBA 四个学位；金融行业从业十年，原持证交易员，先后担任过交易员、研究员、基金管理人，管理过 30 亿元投资基金；抖音、B 站、快手、微博等平台粉丝超千万个 |
| 小马宋 | 小马宋战略营销咨询公司创始人，逻辑思维首席营销顾问 |

## 2. 社群介绍：突出社群的独一无二

付费社群作为知识付费产品，其介绍无异于一份产品说明书。群主应该详细地描述社群的相关信息，包括创建社群的目标、提供的服务内容、收费标准以及目标受众等。通过清晰地描述这些信息，目标用户对于付费入群的欲望可能会更加强烈。相反，如果社群介绍过于粗糙简略，目标用户很难评估出社群的价值，也无法判断自己是否适合加入社群学习。这样一来，社群可能会失去一些目标用户。因此，优化社群介绍的清晰度和详尽程度非常重要。

如何编写一份既清晰又吸引人的社群介绍呢？它通常包括 12 项信息要点，如表 2-6 所示。

表 2-6

| "社群介绍"要点 |||
| --- | --- | --- |
| 1. 社群定位介绍 | 2. 群主介绍 | 3. 社群交付的内容与服务 |
| 4. 社群嘉宾介绍 | 5. 目标受众 | 6. 奖励规则 |
| 7. 线上活动介绍 | 8. 线下活动介绍 | 9. 社群福利 |
| 10. 收费标准及加入方式 | 11. 社群服务期限 | 12. 退款规则和方式 |

无论社群介绍的篇幅是长还是短，群主都必须突出社群服务的价值，并根据实际情况补充其他信息。同时，最好将字数控制在 1000 字以内。例如，群主邵云蛟[1]的社群"旁友圈「PPT 学习」"，该社群的最大价值在于提供与 PPT 设计相关的内容与服务，以及丰厚的社群福利，并且服务期限永久有效。因此，在社群介绍中，邵云蛟要重点罗列这三项信息，并尽可能使介绍更为详尽，如图 2-1 所示。

---

[1] 邵云蛟，《PPT 设计思维（实战版）》《PPT 知识图谱》等图书作者，知乎 PPT 话题 TOP1 答主，在知识星球创建有社群"旁友圈「PPT 学习」"。

第二章 装修社群，值得借鉴的小妙招

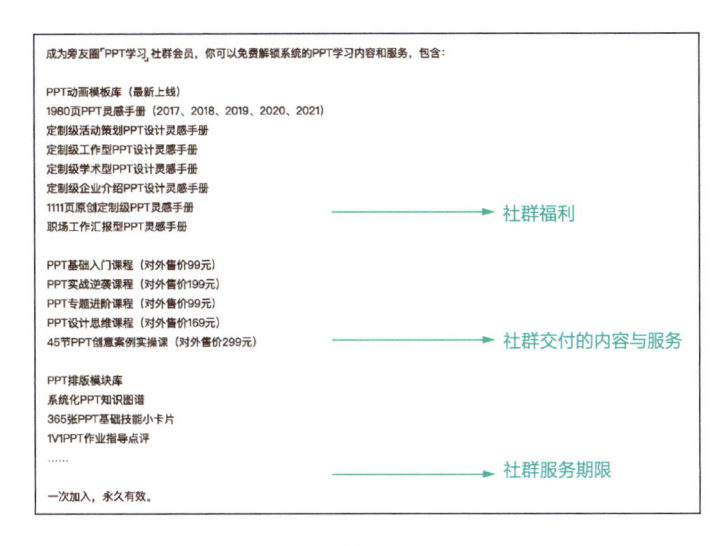

```
成为旁友圈"PPT学习"社群会员，你可以免费解锁系统的PPT学习内容和服务，包含：

PPT动画模板库（最新上线）
1980页PPT灵感手册（2017、2018、2019、2020、2021）
定制级活动策划PPT设计灵感手册
定制级工作型PPT设计灵感手册
定制级学术型PPT设计灵感手册
定制级企业介绍PPT设计灵感手册
1111页原创定制级PPT灵感手册          ——→ 社群福利
职场工作汇报型PPT灵感手册

PPT基础入门课程（对外售价99元）
PPT实战逆袭课程（对外售价199元）
PPT专题进阶课程（对外售价99元）
PPT设计思维课程（对外售价169元）
45节PPT创意案例实操课（对外售价299元）  ——→ 社群交付的内容与服务

PPT排版模块库
系统化PPT知识图谱
365张PPT基础技能小卡片
1V1PPT作业指导点评
……                                ——→ 社群服务期限

一次加入，永久有效。
```

图 2-1

群主敏哥[1]，其社群付费用户 4400 多人，主题帖超过 2.6 万条。社群专注于为跨境电商从业者提供信息交流服务和资源合作机会，属于相对小众的社群。因此，敏哥社群的"社群介绍"部分重点突出的是群主介绍、社群交付的内容与服务、社群福利和收费标准，这样能更好地吸引有需求的同行加入，如图 2-2 所示。

群主姜茶茶[2]，资深广告人，社群付费用户 8000 多人，主题帖超过 2 万条。社群主要提供广告行业资源以及合作机会。因此她的社群介绍主要展示了社群定位、社群交付的内容与服务，如图 2-3 所示。

群主完成了社群名字拟定、群主介绍及社群介绍之后，就已经完成了大部分工作。接下来，同样重要的一步是设计

---

[1] 敏哥，资深跨境电商创业者，擅长流量运营，在知识星球创建有社群"敏哥和他的朋友们"。
[2] 姜茶茶，资深广告人，在知识星球创建有社群"姜茶茶的营销圈资源库"。

星球大战

一张令人印象深刻的社群封面。封面对于传达社群的品牌形象也具有非常重要的作用。

> **星主介绍：**
> 大家好，我是敏哥！2014年我入行跨境电商，从一名草根逆袭为一名跨境电商创业者，再到担任大卖公司的运营总监，管理30多人的运营团队。目前整个跨境电商圈鱼龙混杂，真正有理想、有情怀的创业者少之又少。因此我放弃高薪，再次出发，立志打造跨境电商行业最优质的卖家交流圈！
>
> **入圈权益：**
> 1. 敏哥将在星球内分享自己从业多年来的所有知识，内容涉及：亚马逊、eBay、选品核心思维、TikTok、独立站、站外营销、Google实操技巧、营销思维、电商团队管理。
>
> 2. 后续我们会邀请到行业内优秀的技术大牛，以及新兴平台的优秀操盘手，来为大家在星球内做分享。
>
> 3. 跨境电商运营所涉及的最新运营资料，敏哥会定期进行搜集整理，并分享给大家。
>
> 4. 1年跨境电商运营指导，当日问题，当日解答，绝不拖沓，绝不应付，真正帮助圈子内卖家少走弯路，尽快成长。
>
> 5. 优质资源的对接，货代资源、海外仓资源、测评资源、站外资源。所有资源都是经过敏哥团队验证，真正帮助大家顺利地推进项目。
>
> **圈子定价：**
> 星球试运营期间定价365元，每天只需要1块钱，就可以让自己从小白成长为运营高手，并且结识到行业内的优质人脉。后期我们会对星球成员定期举行线下交流分享会、直播分享会，全面帮助大家提升运营能力，结识优质人脉，在跨境电商成长之路上越走越顺。
>
> **圈子福利：**
> 鼓励所有加入星球的伙伴分享自己的优秀运营案例和思路，一年只要有10个以上优秀案例被我设为精华，可直接找我免去星球费用。一个人可以走得很快，但一群人才能走得更远！加油💪

图 2-2

> 🍵 **姜茶茶的营销圈资源库** 🍵
> ⬆广告圈内最优质、性价比最高的付费资源渠道！
> 现已有近6800家有钱甲方、市场部负责人、头部4A和MCN入驻！
>
> 📣**星球现有资源：**
> 【品牌方资源，每日新增中】
> 🔺500多家头部大厂找供应商、近2000个品牌联动与置换、各类甲方带预算寻KOL
> 👍每日最新品牌需求免费扩散，同步12万人社群发布
> 上市集团、甲方市场、头部4A、MCN机构、国内外独家IP、各平台KOL 不断入驻中，人脉资源每日新增~
>
> 【精准垂直行业干货资源】
> 目前累计更新5000多份，每日持续更新！涵盖各大平台官方报告、细分领域策划方案、头部机构一手刊例 全部可在会员有效期内免费下载~
>
> ⚠付费前，严格审核资料才被允许加入，杜绝劣质或假冒资源、刷屏广告，被投诉者将移除星球，禁止加入🙏

图 2-3

## 第四节

## 社群封面：具备辨识度很重要

一张出色的社群封面（简称封面）需要具备好看、醒目和独特的特点。如何设计一张出色的封面呢？知识星球里有大量的社群，其封面从构图到配色都值得我们学习。这些优秀的封面可以为我们提供宝贵的学习参考，帮助我们找到适合自己社群气质的设计风格。

它们主要分为以下四种类型。

（1）实景照片类。

这类封面的背景都有留白，画面整体比较干净，如图2-4～2-6所示。这样的设计使得社群名字能够清晰地凸显出来。然而，鉴于付费社群是知识类产品，如果使用网上的图片作为背景图，请确保购买了其商业版权。

（2）大号字体类。

这类封面的颜色通常以社群的主色调为底色，同时还添加了一些图案元素，增添了趣味性。社群名字的字体设计感强，使得读者第一眼就能看到社群的名字，如图2-7～图2-9所示。这类封面的设计难度较高，需要通过优化字体来提升画面的美观度。

星球大战

图 2-4

图 2-5

图 2-6

第二章 装修社群，值得借鉴的小妙招

图 2-7

图 2-8

图 2-9

065

（3）真人头像类。

群主可以在封面上直接使用个人头像，这样的封面具有很强的个人品牌属性，是一个不错的选择。此外，要确保图片背景干净，画面完整且画质清晰，如图 2-10～2-12 所示。

图 2-10

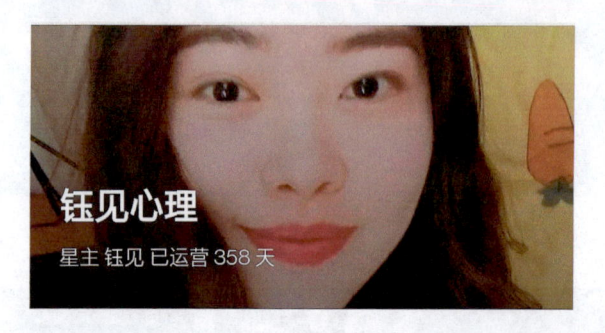

图 2-11

图 2-12

### （4）艺术画作类。

封面也可以采用插画、素描等具有艺术特质的图片。图 2-13 中的封面使用了一幅素描自画像，其视觉效果具有艺术性且有较高的辨识度。图 2-14 中的封面展示了一个极具设计感的图案，其环形设计不仅富有创意，还与社群名字相呼应。图 2-15 中的封面则展示了一幅具有强烈个人艺术风格的绘画作品，并与社群名字中的"画廊"相呼应，画作上还有群主的签名，整体视觉效果令人印象深刻。

需要注意的是，在使用这类画作作为封面时，也需要注意版权问题。

图 2-13

图 2-14

图 2-15

当拟定好社群名字、确定了社群 Slogan、完善好群主和社群介绍，并上传符合要求的社群封面后，一个清晰、独特的社群形象就基本建立起来了。目标用户可以通过这些信息了解社群的背景和价值，选择加入自己喜欢的社群。

如果打算创建付费社群，完成上述步骤后，还需为社群设定合理的门票价格。实际上，门票价格可以起到一种筛选的作用，合理的门票定价可以吸引那些认同社群价值并愿意为之付费的忠实用户。付费门槛的存在会激发用户在社群中更积极地参与讨论。此外，作为社群的收入来源，社群门票还可以支撑群主进行团队招聘，提升服务质量，从而吸引更多志同道合的朋友加入。最终，社群可以通过这样的良性循环不断向前发展。

如何制定出最合理的门票价格呢？我们将在第三章详细介绍。

## *拓展阅读（二）

### 好用的六个社群取名模型

关于社群取名，感兴趣的读者还可以扫描图 2-16 中的二维码，免费查看六种社群取名模型，套用模型也能快速找到适合自己社群的名字。

图 2-16

## *拓展阅读（三）

### 群主头像和社群 Logo 的设计方法

如果希望进一步突显社群的品牌特性，还可以考虑设计一款独特的群主头像和一个社群 Logo 来增强会员对社群的品牌记忆。感兴趣的读者可以扫描图 2-17 中的二维码，免费查看相关内容。

图 2-17

# 第三章

## 定对社群门票价格，让用户主动付费

门票价格是影响潜在用户是否愿意付费加入社群的决定性因素。应该如何为社群门票设定起始价格？群主是否可以随意定价？其实这些都不是简单的事情。群主在为社群门票设定起始价格时需要认真考虑，不能凭直觉定价，在确保用户愿意支付费用的同时，也要保证自己的投入能够得到预期回报，从而确保社群在竞争激烈的市场中得以生存和发展。

在本章，我们将详细介绍影响社群门票价格的六大因素，以及设定价格的基本方法和涨价策略。

686    999

## 第一节
## 影响社群门票价格六大因素

社群作为知识付费产品，其门票价格天然与群主投入成本密不可分。投入成本是影响门票价格的首要因素，它包括群主为交付服务而花费的时间成本和人力成本。

不过，和其他在售商品一样，门票价格并不完全由投入成本决定，它还会受社群定位、竞品门票价格、用户消费能力、群主 IP 影响力、运营目标这五个因素的影响。换言之，门票价格主要由这六大因素决定。

大家需要详细了解这六大因素如何影响门票价格，才能为社群制定出合理的门票价格。

### 1. 投入成本

社群的投入成本是影响门票价格的首要因素，它由社群服务项目的多少及交付形式决定。一般来说，若群主独自运营社群，服务项目超过 4 个，其数量就相对较多。而服务项目越多、交付形式越复杂的社群，投入成本也会更高。

例如，同样是提供情感咨询服务且规模相当的两个社群，一个仅提供问答服务，且以文字的形式交付，另一个则提供问答、直播、训练营三种服务，并以图文、视频、课程等多种方式交付，显然后一个社群的群主比前一个投入的成本更高，门票价格自然会偏高。

那么，如何计算社群投入成本[1]呢？

首先，社群的投入成本分为显性成本和隐性成本。

（1）显性成本指的是，群主在交付服务的过程中产生的具体开销，包括支付给运营团队的工资、邀请合伙人和嘉宾入驻社群所需的费用、购买运营工具和活动奖品的支出等，群主可以依据市场价格准确计算出这些费用。比如，运营团队的工资支出，可以参考相关岗位在招聘市场的平均月薪标准，再乘以每个人对应的工作时长（以月为单位），最后全部相加，就能得到运营团队 1 年的工资支出。同样的方法也可计算出邀请合伙人和嘉宾的费用，以及购买运营工具和活动奖品的费用。

（2）隐性成本指的是，群主交付服务所花费的时间成本，相对显性成本，隐性成本难以被准确计算出来。想计算出这部分成本，可以将群主在单位时间内创造的价值换算成可被计算的金额。这里有一个相对粗浅的计算方法：

> 假设群主未来 1 年的平均月薪为 17600 万元，那么平均 1 小时挣 100 元左右[17600 元/（22 天[2]×8 小时）]。如果群主每天花费 1 小时用于运营社群，那么运营社群 1 年所需隐性成本约为 36500 元（100 元×365 天）。

---

1 为方便计算，书中若无特别说明，所有提及的社群服务期限均为 1 年（365 天），提及的门票价格所对应的社群服务期限也为 1 年（365 天）

2 假设群主每月工作 22 天，每天工作 8 小时。

将显性成本和隐性成本相加，得到的结果即为运营社群 1 年所需的投入成本。这一成本决定了门票价格的最低线。如果价格低于这个数字，社群可能无法盈利，更无法继续经营下去。因此，必须精确计算出社群的投入成本。

## 2. 社群定位

群主粥左罗[1]认为，社群定位会影响其门票价格，原因在于不同定位的社群面向不同的目标用户，社群提供的价值也有所差异，并且还可能存在难以跨越的竞争壁垒。因此，一些社群的门票价格天然适合高价定位，而另一些则更适合低价定位。

以文化阅读类的社群为例，这类社群的主要目标是帮助会员养成阅读和写作的习惯，其服务内容主要包括分享和解读优质图书，以及带领会员共同打卡。会员从社群中获得的商业价值相对较低，并且能够收获多少主要取决于个人的投入和努力程度。因此，这类社群的门票价格通常相对较低。类似的社群还包括帮助会员学习时间管理技巧、养成早睡早起习惯等成长类社群。

相比之下，互联网副业类社群的定位是帮助会员建立个人品牌，并指导他们实现品牌变现。许多群主为了实现这个目标，不仅会输出建立个人品牌的案例和方法，还会带领会员一起实践。会员在学习和实践过程中的收获，换算成商业价值可能超过社群门票的价格。在这个过程中，群主需要投入大量的时间和精力运营社群。因此，这类社群门票价格相

---

[1] 粥左罗，6 年自媒体创业者，在知识星球创建有"粥左罗·终身写作群"等十余个社群。

对较高。类似的社群还包括投资类、情感咨询类和职业发展规划类的社群。

总的来说，社群所属的行业，其专业性越强，群主需要投入的精力越多；社群为会员带来的商业价值越高，社群门票价格也就越高。反之，价格就相对偏低。我们可以思考自己的社群定位，确定社群服务所属的行业以及它们的市场价值。

### 3. 竞品门票价格

服务项目是社群的核心价值所在，然而，"当局者迷，旁观者清"，在评估这些服务项目的价值时，群主可能会有失偏颇。换句话说，群主认为社群的服务价值很高，并不意味着实际情况一定如此。因此，需要用市场的眼光对同类社群进行竞品分析。

竞品分析指的是将自己的社群服务项目与同类社群相比较，客观地衡量自己的社群价值，并为自己的社群门票价格找到一个合适的价格区间。这样，群主既不会因为高估社群价值而定价过高，失去一部分目标用户，也不会因为低估社群价值而定价过低，削弱市场竞争力。

例如，两个为行业新人提供基础设计教学服务的社群，服务质量相当，市场上同类社群的门票价格在 200～300 元。如果其中一个群主因为高估自己的社群价值而将门票定价为 500 元，那么他的社群在市场上的性价比就会相对较低，其目标用户可能会选择付费加入另一个社群。反之，如果他因为低估自己的社群价值而将门票价格定为 100 元，虽然社群的性价比会提高，但总体收入可能无法覆盖运营成本，导致社群无法长期运营下去。

因此，在制定社群门票价格时，如果无法确定当前价格是否能够盈利或者是否过高，进行竞品门票价格分析是一种稳妥的做法，可以帮助群主了解市场上同类社群的门票价格情况，从而做出更明智的决策。

## 4. 用户消费能力

英国戏剧家莎士比亚曾说："一千个观众眼中有一千个哈姆雷特。"这句话也同样适用于社群门票价格体系。因为每个人的消费认知和消费水平都不同，大家对社群价值的评估标准也不尽相同。因此，群主对社群价值的评估或通过竞品分析得出的结果并不一定等同于目标用户感知到的社群价值。举例来说，群主认为社群提供的一年服务其价值为 1 万元，并不意味着所有用户都会认同该价值为 1 万元。

群主史戈[1]曾说：

> 用户愿意为你的社群支付多少钱，取决于他认为自己能从社群获得的知识价值多少钱。

为了避免因社群门票价格超出目标用户的消费能力而导致无人付费加入，群主在定价之前有必要对目标用户的消费能力进行调研，并思考：是选择以少数消费能力高的人群为主要的目标用户，还是选择以多数消费水平一般的人群为主要目标用户？只要明确了用户定位，就不用担心没有人愿意付费加入。正如群主 Juan 姐所说：

---

[1] 史戈，12 年投行工作经历，公众号"投行那些事儿"主理人，在知识星球创建有社群"投行那些事儿"。

> 了解目标用户是谁，搞清楚他们对门票价格的接受程度更有利于校准门票价格的指针：不会因为定价太低而导致群主的付出和收入不对等，也不会因为定价太高导致大量目标用户被价格"劝退"。

### 5. 群主 IP 影响力

除了上面介绍的四种因素，门票价格还会受群主 IP 影响力的影响。以制作成本相同的美妆产品为例，名牌产品之所以能以更高的价格销售，是因为其价格内含品牌的附加价值，这个附加价值由消费者对品牌的信任度和忠诚度所决定。类似地，付费社群作为一种知识产品，群主则是社群的形象代言人，群主 IP 影响力相当于社群的品牌价值，因此其对门票价格也会产生影响。

一般来说，群主的影响力越大，社群的品牌价值就越高，而群主的影响力大小一般与粉丝基数有关，基数越大影响力越大，这也意味着群主可以在已有的粉丝中找到更多潜在目标用户。只要群主拥有足够的影响力，即使门票价格稍高于市场上同类社群的门票价格，也无须担心缺乏付费用户。

### 6. 运营目标

运营目标是影响社群门票价格的最后一个因素，运营目标是指群主在自行设定的期限内期望多少付费用户加入社群或创造多少收益。

举个例子，有两个互联网运营类社群，其门票价格区间均在 100 ~ 200 元。其中一位群主为了实现"一周内招到 1000 位付费用户"的运营目标，在综合考虑投入成本、个人

## 第三章 定对社群门票价格，让用户主动付费

IP影响力等因素后，可能会选择将门票价格定在稍低于市场价的水平，以吸引尽可能多的用户。而另一位群主设定的目标是"一周内创造10万元收入"，他会选择将门票价格定得稍高于市场价，以便更快地达到预期收入。

除以上六个主要因素，还有少数群主会将社群会员的活跃度、调价空间等因素纳入定价的考虑范围，但这些因素往往不会对门票价格产生直接且显著的影响，所以一般情况下不必过度关注。

了解清楚这些因素如何影响定价后，在实际定价时应该如何操作呢？哪些因素应优先考虑呢？如果不同的影响因素产生冲突，比如社群提供的服务项目非常丰富，至少需要每名用户每年支付1000元才能覆盖成本，但大部分目标用户的消费能力不强，此时又应如何做出选择呢？

接下来，我们将分享不同价格区间的门票定价思路，帮助大家更好地理解如何制定一个合理的社群门票价格。

## 第二节

## 四类社群门票定价案例

给社群门票定价是一个动态过程，类似于调整天平平衡的过程。天平的左侧是最终确定的价格，而右侧是影响价格的各种因素。我们需要通过不断增减右侧的因素，让两边达到平衡。根据对知识星球众多社群的调研和与多位群主的深度访谈，我们得出一个结论，给社群门票定价基本遵循以下两个原则。

（1）有吸引力。最终的门票价格能够吸引目标用户愿意付费加入。

（2）有利润。最终的门票价格能够创造利润，让社群持续运转。

基于这两个基本原则，群主在定价时会重点考虑上一节介绍过的六大因素。其中，投入成本、社群定位、用户消费能力这三个因素是必须要考虑的，而对于竞品门票价格、群主 IP 影响力、运营目标这三个因素，由于不同社群所处的价格区间不同，可以被选择性考虑，如表 3-1 所示。

## 第三章　定对社群门票价格，让用户主动付费

表 3-1

| 价格区间＼影响因素 | 投入成本 | 社群定位 | 用户消费能力 | 竞品门票价格 | 群主IP影响力 | 运营目标 |
|---|---|---|---|---|---|---|
| 低价位（50~100元） | ✓ | ✓ | ✓ | ✓ |  | ✓ |
| 中价位（100~500元） | ✓ | ✓ | ✓ | ✓ | ✓ |  |
| 高价位（500~1000元） | ✓ | ✓ | ✓ |  | ✓ | ✓ |
| 超高价位（1000元以上） | ✓ | ✓ | ✓ |  | ✓ | ✓ |

接下来，我们将结合表 3-1，分享不同价格区间[1]的门票定价案例，期望帮助大家更好地理解如何给门票定价。

### 1. 门票价格 50~100 元

以社群"运营研究社"为例。群主小贤[2]在定价时，首先从社群定位的角度考虑，"运营研究社"是一个面向运营从业者的社群，主要向从业者提供关于内容营销、广告投放、达人分销、私域运营、数据度量等相关运营知识和案例。其次，从运营目标来看，小贤将社群视为一种面向入门级用户的服务产品，他希望通过运营社群能与运营从业者进行深度沟通和互动，进而提升用户对"运营研究社"的品牌黏性。基于这两个因素，他对门票的定价有了初步判断。

---

1 价位区间的划分来自知识星球数据。
2 小贤，百度、小红书原早期员工，公众号"运营研究社"主理人，在知识星球创建有社群"运营研究社"。

通过分析竞品，他发现同类社群的门票价格大多位于 100～200 元，但考虑到其运营目标是在一年内找到尽可能多的付费用户，若将价格定在 200 元，会让一部分目标用户犹豫不决，他需要投入更多时间和精力才能打消用户顾虑。因此，他最终将门票价格定为 99 元。

### 2. 门票价格 100～500 元

和门票是低价位的社群不同，对于门票是中价位的社群群主来说，在定价时着重考虑的因素是：群主 IP 影响力、社群定位、投入成本、用户消费能力和竞品门票价格这五个因素。例如，群主弘南子[1]创建有多个社群，他在为每个社群的门票定价时，首先考虑的是群主 IP 影响力。他认为：

> 运营社群是群主的知识变现的过程，更是群主的 IP 影响力变现的过程，所以群主的 IP 影响力就具有定价权。

首先，弘南子对自己的知名度和影响力进行了评估，由于多年深耕于健康养生领域，他在该领域积累了丰富的经验，并在业内具有较高的知名度。他决定将社群定位为为那些对养生感兴趣的人解决健康问题，因此划定了社群门票初步价格区间 100～500 元。

随后，考虑到投入成本和竞品的门票价格，弘南子将自己的社群与其他同类社群进行了比较。他预计需要招聘 1 至 2 名运营助理协助自己交付服务。因此他把社群门票定在了 200 元左右。

---

[1] 弘南子，弘南中医研究院院长，"弘南创投"执行董事，在知识星球创建有社群"辟谷星球"等。

### 3. 门票价格 500～1000 元

高价位门票的社群通常具有一个显著特点，即社群所属行业的竞争壁垒较高，同时群主提供的服务具有稀缺性或需要较高的投入成本。以社群"门徒圆桌"为例，该社群的定位是面向小众且垂直的国际贸易行业。群主丹牛[1]不仅分享该行业内最新的干货知识，还提供训练营服务。为了确保会员能够获得高质量的服务，丹牛还需要招聘 3 名全职运营人员进行协作。因此，考虑到社群的定位和投入成本，丹牛将门票价格定在较高的区间 500～1000 元。

之后，丹牛着重考虑的因素是用户消费能力，他发现自己社群的目标用户大部分是国际贸易行业的创业者，消费能力相对较高。然后，从群主 IP 影响力角度考虑，根据已出版的三本书的市场反馈，丹牛本人在国际贸易行业具有较高的影响力，而且以往也有不少人付费向他请教外贸相关问题，他的 IP 商业价值较高。最后，考虑到社群的运营目标——一年内社群至少盈利 50 万元以上，这样才能覆盖较高的投入成本。因此，丹牛最终为社群门票定为 745 元。

值得一提的是，丹牛没有考虑竞品门票价格这个因素，因为社群所处行业的竞争壁垒高，社群服务具有非常强的个性化特征，社群之间的差异也非常明显，无法相互比较。

### 4. 门票价格 1000 元以上

门票价格千元以上的社群所交付的服务也具有差异性，因此竞品门票价格并不是群主主要考虑的因素，他们主要考

---

[1] 丹牛，十年 To B 创业者，国际贸易从业者，在知识星球创建有社群"门徒圆桌"。

虑的是投入成本、社群定位、用户消费能力、群主IP影响力和运营目标。

群主齐俊杰在为"齐俊杰的高净值社群"制定门票价格时，首先从社群定位考虑——社群处于财经行业赛道，主要是为高净值投资者提供行业数据、投资经验和解析市场投资趋势，内容垂直且专业性强；然后考虑投入成本，除他自己，还需要聘用两位助理入驻社群全职协同运营，投入成本整体偏高；其次，群主还对自己的IP影响力进行了考量，其个人IP具有较高的商业价值。最后，考虑社群的运营目标——找到行业内的高净值从业者，即连续3年年入50万元且金融资产达到300万元的投资者，再结合用户消费能力这一因素，他最终将社群门票定为5000元。

通过以上几个案例，我们已经发现，在给社群门票设定价格时，并没有固定的标准和套路。经过与几十位群主的深入对话，他们共同认为需要群主具备一定的运营悟性，才能制定出适合自己社群的门票价格。换言之，群主要学会因地制宜地定价——综合思考和判断六个因素对自己社群的影响程度，然后根据实际情况逐一添加或减少某个影响因素，最终制定出一个合理的门票价格。

这是一个需要不断实践和调整的过程，因此，群主在初次定价时无须给自己太大压力，判断失误也并无大碍。因为给社群门票定价的最重要的作用是找到愿意付费的用户，先根据自己的经验综合思考六个因素，制定好一个价格，让社群顺利运转起来。如果运营一段时间之后，发现门票带来的收入并不能覆盖运营成本，或者不能创造预期的收益以维持社群正常运转，抑或无法吸引目标用户付费，完全可以重新调整价格或者制定涨价策略，让社群逐渐盈利。

## 第三章　定对社群门票价格，让用户主动付费

以群主史戈为例，他为社群门票制定的初始价格是 199 元，但运营一段时间后，发现这个价格带来的收益并不足以覆盖投入成本，于是他尝试将价格逐步上调至 299 元、399 元、499 元。当价格上调至 399 元或 499 元时，史戈发现社群的收益已经能够对冲投入成本，但这两个价格却超过了部分目标用户的消费能力，使得付费人数开始下滑，于是他最终将价格定在 299 元。

## 第三节
### 两种经典的社群门票涨价策略

前面提到，当发现门票收入不足以支撑社群正常运营时，就需要借助涨价策略重新调整价格。那么，常见的涨价策略有哪些呢？通过对知识星球上万个社群的调研，我们发现存在两种常见的社群涨价策略，分别是固定涨价法和阶梯涨价法。

固定涨价法是指，群主以某个优惠的门票价格运营社群一段时间之后，再将门票价格涨至理想价位，如果没有出现特殊情况，直到社群服务期结束都不再调整价格。例如，某个社群的最终门票价格是 500 元，群主为了在第 1 个月内吸引足够多用户，先以 300 元的优惠价运营 1 个月，之后将价格涨至 500 元，直到社群一年服务期结束，都不再调整价格。

阶梯涨价法是指，群主在涨价的过程中并不会让价格一步到位，而是像爬楼梯一样一步步调整至理想价格。举个例子，同样是从优惠价 300 元涨至理想价格 500 元（固定涨价法的策略是一次性涨到 500 元），阶梯涨价法会按照每个月每次涨价 100 元的节奏逐步将价格调至 500 元。二者区别如图 3-1 所示。

第三章 定对社群门票价格,让用户主动付费

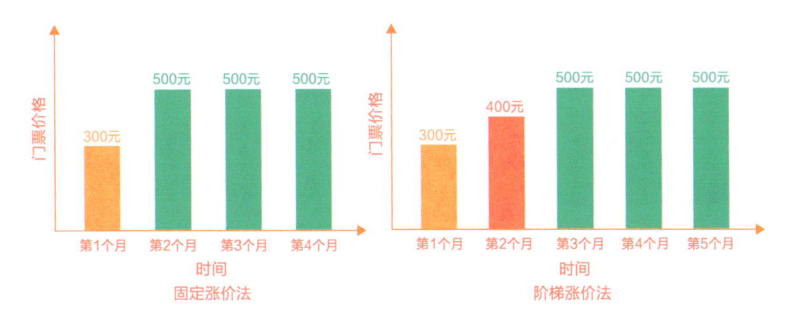

图 3-1

在实际运营社群的过程中,采用固定涨价法的社群并不多见,因为社群门票涨至理想价格之后,交付的服务项目可能会增加,投入成本也会随之变高,此时门票价格保持不变可能无法实现社群收支平衡。

在知识星球,大部分群主采用的是阶梯涨价法。这种方法可以随着投入成本的变化而灵活调整每次涨价的幅度。同时,群主还可以在每次涨价之前,以"即将涨价"为名激发目标用户的购买欲,提高社群的付费人数。

阶梯涨价法有两种涨价途径——按人数涨价和按时间涨价。

### 1. 按人数涨价

按人数涨价是指,群主根据社群人数调整门票的上涨幅度。例如,某社群门票初始价格是 99 元,群主希望社群门票最终涨到 199 元。在这个过程中,以 99 元加入社群的人数达到 200 人之后,社群每增加 50 人,门票价格便上涨 10 元,价格上调 10 次后,门票价格将涨至 199 元。

使用按人数涨价策略经常涉及一个问题:如何确定社群每增加多少人才涨价一次?换言之,在上面的例子中,群主

为什么按照社群每增加 50 人，门票便涨价 10 元，而不是每增加 40 人、60 人或 80 人涨价 10 元呢？

群主粥左罗认为，这个数值非常重要，只有将这个数值计算清楚，才能把控社群的涨价节奏和找到恰当的营销时机，从而吸引更多目标用户付费。如果群主随意确定一个数字，可能导致社群涨价的节奏过慢，无法创造紧迫感。那么如何确定这个数值？粥左罗给出了一个比较粗略的计算方法。

首先，根据群主的营销能力和现有流量情况，预估最大程度能吸引多少名付费用户入群，然后确定门票的优惠价格和最终希望涨到的价格，再确定当有多少人以优惠价加入社群后，开始上调价格和每次价格上调的幅度，最后就能计算出每当社群增加多少名付费用户就可以将门票涨价一次。

举个例子，某位群主在评估了自己的营销能力和流量情况之后，预估社群一年内能招到 1000 名付费用户，于是决定将门票的初始价格定为 100 元，希望最终能涨至 200 元，并决定当有 200 名目标用户以 100 元的初始价格加入社群之后便开始上调价格，每次上调价格的幅度是 20 元。那么，根据公式：

涨幅人数（每增加多少人涨价一次）
=（预估 1 年内能招到的所有付费用户数-以优惠价加入社群的用户数）/ [（最终价格（元）- 初始价格（元））/ 每次涨价的幅度（元）]

将数字套入公式可得：

（1000-200）/[（200-100）/20]=160

计算得出，社群每增加 160 人，门票便涨价一次。同理，若每次上调门票价格的幅度是 40 元，套用公式可计算出，每增加 320 人便涨价一次。可见，在其他条件不变的情况下，每次门票价格的涨幅程度决定了社群按人数涨价的频率，频率高表示涨价节奏快。在这个例子中，当涨幅为 20 元的时候，门票要涨价 5 次才能涨至 200 元；而当涨幅为 40 元的时候，只需涨价 3 次就可以涨至 200 元。

计算出涨价的节奏之后，群主可以在每次门票即将涨价的时候推出相应的营销活动，利用涨价带来的紧迫感，吸引更多目标用户付费加入。

要注意的是，并非所有的社群都适合采用按人数涨价的策略。群主帅张[1]认为：

> 人数增长速度比较慢的社群采用这种涨价策略容易将自己置于长时间门票价格上不去的尴尬处境。所以在这种情况下，人数增长速度慢的社群更适合采用按时间涨价的策略。

### 2. 按时间涨价

按时间涨价是指，群主每隔一段时间就上调一次门票价格，至于间隔多长时间，同样需要计算。

首先，群主确定门票的初始价格和最终希望涨至的价格，以及每次涨价的幅度和整个涨价过程所需要的时间。例如，某社群的门票初始价格是 1000 元，希望在 12 个月后涨至 1600 元，而每次涨价的幅度是 100 元，根据公式：

---

[1] 帅张，创业者，公众号"stormzhang"主理人，在知识星球创建有社群"帅张和他的朋友们"。

涨价间隔时间（月）
= 整个涨价过程所用时间（月）/
[(最终价格(元)-初始价格(元))/每次涨价的幅度(元)]

将数字套入公式可得：

$$12/[（1600-1000）/100]=2$$

结果显示，社群每隔 2 个月可涨价一次，如图 3-2 所示。同理，若每次涨价的幅度是 200 元，那么根据公式计算得出，社群每隔 4 个月就涨价一次。可见，在其他条件不变的情况下，每次价格的涨幅程度也决定了社群按时间涨价的节奏快慢。如果一种门票价格好卖，建议不要轻易涨价。

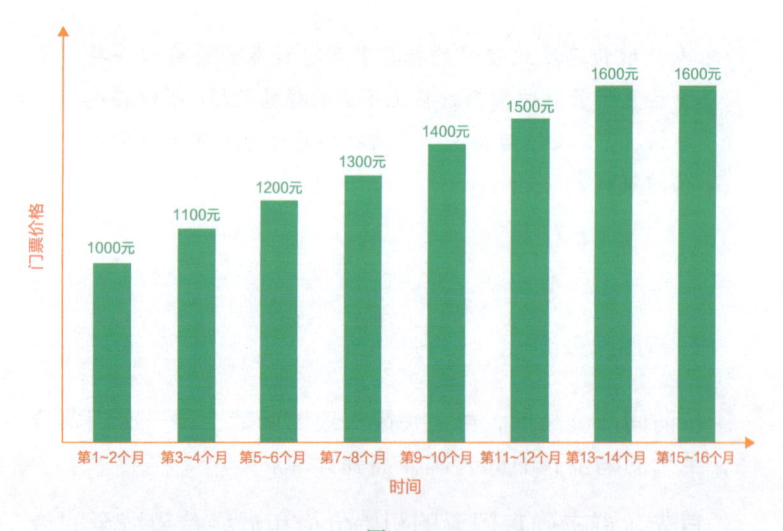

图 3-2

因此，和按人数涨价一样，群主在采用这种涨价策略之前，也需要将这个数值计算清楚，才能把控涨价节奏。

无论以哪种方式涨价，门票最终价格都不宜过高（比如涨价后的价格是之前的两倍），否则社群的目标用户将不再是在确定门票初始价格时锁定的目标群体,而是消费能力更强的人群,此时群主需要升级社群服务或调整服务方向,以及重新锁定目标用户的画像,才能找到付费用户。

### 3. 巧用优惠券

优惠券是一种常见的营销工具,可用于降低产品的售价,吸引更多消费者。在很多营销推广活动中,商家为了促销产品,都会发放限时限量的优惠券,刺激消费者的购买欲,以达成销售目标。正因为优惠券具有这样的特性,很多群主都认为:

> 在调整门票价格时,可以把发放优惠券当作一种纯粹的营销策略。

举个例子,某个社群的门票初始价格为 100 元,群主决定当有 300 人加入后,社群每增加 100 人,门票便涨价一次,每次涨价 50 元,最终涨至 300 元。那么,如何使用优惠券完成这个涨价目标呢?

首先,有 300 人都以 100 元的门票价格加入社群后,群主将门票价格上调至 150 元,同时面向目标用户发放 100 张 50 元优惠券。这时,目标用户领取并使用优惠券,只需支付 100 元就可以加入社群。当 100 张优惠券使用完后,社群人数便增加到 400 人,此时将门票价格调至 200 元,同时面向目标用户发放 100 张 50 元优惠券。依此类推,直到门票价格涨至 300 元。

如果在每个涨价阶段都发放限时限量优惠券,一方面既能给予有心加入社群的目标用户优惠,让有强烈入群意愿的目标用户马上付费；另一方面，能够促使仍在犹豫的目标用户尽快付费。和没有优惠券的情况相比，群主能够更快完成门票涨价目标，也有利于提高社群的付费人数。

然而，在使用优惠券进行涨价的过程中，我们需要思考一个问题：如何让目标用户尽快使用优惠券。一种常见的方法是通过社群工具生成限量或限时的优惠券海报，并将其添加在推广文案的末尾，同时提醒用户使用。如图 3-3 所示，群主池建强[1]在个人公众号文章底部添加了社群优惠券海报，他特意使用了一行红色、加粗和放大的文字"新老朋友，扫码续期"来引导用户使用。

图 3-3

---

[1] 池建强，墨问西东公司创始人，公众号"MacTalk"主理人，极客时间 App 创始人，在知识星球创建有社群"池建强·让时间为你证明"。

对于如何引导目标用户尽快使用优惠券的文案，除图 3-4 中突出社群的服务期限，还可以突出门票涨价的紧迫性，引导目标用户尽快扫码使用。表 3-2 给出了常见的引导用户使用优惠券的文案，供大家借鉴。

表 3-2

| 引导目标用户尽快使用优惠券的文案 |
| --- |
| 扫码使用限时优惠券，立享限时优惠价 xxx 元，x 月 x 日 0 点涨价至 xxx 元 |
| 目前社群门票 xxx 元，每新加入 xxx 位朋友涨价 xxx 元。现在扫码使用限量优惠券，立享前 xxx 名专属优惠价 |
| 社群门票原价 xx 元，限时优惠价：前 100 名 xx 元；前 200 名 xx 元；前 300 名 xx 元。限量优惠券早用早优惠 |
| 前 xx 名加入社群仅需付费 xxx 元，之后社群每增加 xx 名会员涨价 xx 元，最终门票价格不超过 xxx 元。现在扫码使用优惠价加入，即可享年度最低价 |

## *拓展阅读（四）

### 社群目标用户对价格的敏感度测试

如何对目标用户进行价格敏感度测试？感兴趣的读者扫描图 3-4 中的二维码，查看具体操作方法。

图 3-4

## *拓展阅读（五）

### 社群的两种年费模式

在知识星球，社群的年费模式分为"固定时长"和"固定期限"。如果群主能了解它们各自的特点和差异，就能更快确定适合自己社群的门票涨价策略，找到更多的付费用户。扫描图 3-5 中的二维码，免费阅读相关内容。

图 3-5

## *拓展阅读（六）

### 社群在增量阶段和存量阶段的门票调价策略

社群运营时间超过一年之后，其投入成本可能会随着付费用户、服务内容增加而增加。为了保证收支平衡，群主必须重新调整门票价格。那么，在以"增加付费人数"为主的增量阶段和以"提高用户黏性"为主的存量阶段，群主如何调整门票价格才能保证社群一直健康运转？扫描图 3-6 中的二维码，了解这两个运营阶段的门票调价策略。

图 3-6

# 社群推广篇

## 用对推广方法，壮大社群

只有当社群拥有了付费用户，才算具备了前行的生命力。那么，群主应该在何处寻找付费用户，又该如何获得目标用户的信任，让他们愿意加入社群呢？

接下来的两章，我们将围绕"社群推广"这个主题，详细介绍在推广社群之前需要做的必备工作，以及在公域和私域各有哪些推广社群的有效方法。这些内容旨在帮助群主顺利完成社群的首次推广。

2022.8.18. LinRong.

# 第四章

# 推广社群前的必备动作

本章将为大家介绍在推广社群之前应做好的准备工作，具体包括以下内容。

- 做好心理准备：作为群主，在推广社群时，如何解开被他人认为是在"割韭菜"的心结？
- 锚定推广目标：第一次推广社群的时候，应该设定多少名付费用户加入社群？
- 编写社群广告和设计海报：如何创作有效的社群广告和社群海报，以吸引更多付费用户加入社群？
- 准备"开胃菜"和新人手册：当会员付费加入后，应该提供哪些精彩内容留住他们？

针对这些问题，本章将提供实用的策略和具体案例，力图帮助大家做好推广社群前的最后一步准备。

268　　　346

## 第一节
### 做好心理准备和锚定推广目标

在知识星球，许多首次创立社群的群主都会有一个疑问：

> 社群真的需要收费吗？

每当遇到这种情况，我们都会与他们进行深入对话。我们发现，他们之所以对收费感到顾虑，是因为担心在收费后被目标用户误解，甚至被贴上"割韭菜"的恶名。

这种恐惧心理往往是很多群主在创建社群时遇到的最大心理障碍，有些群主在创建阶段勇敢地跨过了这个障碍，但在推广社群的关键时刻，这种恐惧感往往又会卷土重来，令他们产生深深的疑虑和不安。他们害怕被人误解，担心无人愿意付费，因此总是犹豫不决，无法全身心投入推广工作，甚至可能暂停推广活动。

那么，面对这种心理难题，我们应如何应对？

拥有 4 年社群运营经验的群主唐韧也曾受此困扰。但是，当他找到自己对收费之所以产生恐惧的根源，并尝试从一个全新的角度看待这个问题后,他心中那块拦路石便被铲除了。

## 1. 做好心理准备:敢于收钱,对自己的价值给予认可

3 年前,唐韧刚开始创建社群的时候,只要他在公众号推广自己的社群,评论区就偶有以下声音出现:

> 你是"割韭菜"的,你是收智商税的,你是圈钱后要跑路的。

这样的声量虽然不大,但足够刺耳。唐韧十分难过,甚至怀疑自己是不是没做好服务,才会被这样责骂,他想找到那些读者,求证内心的不解。他从公众号推文的评论区筛选出了发表负面评论的读者,发现他们并没有加入自己的社群,而是在空口无凭地诋毁他。

唐韧自然不能容忍被这样误解,他想知道那些声音为什么存在。于是,他在那些负面评论下面反复追问,经过一番了解后,最终谜底揭晓了——原来"割韭菜"是源自长久以来人们对"知识付费"的偏见。

> 偏见来源于两个方面:第一,目前市场上有些知识付费产品还不成熟,提供的服务价值低于价格,用户体验后产生了被欺骗的心理;第二,消费者对产品的预期过高,但很多人的学习主动性和行动能力较低,导致他们付费体验后没有获得预期的效果。所以,通常有过这两种经历的人很容易对知识付费产生极大的偏见,甚至无差别地攻击其他知识付费产品。

> 所以群主们无须过度在意那些说自己在"割韭菜"的声音。只要自己交付的服务价值符合社群门票的价格，用心解决会员的问题，不断创造新价值，就完全可以放心大胆地收费。

看完群主唐韧的案例，对收费仍感到困扰的朋友，心理压力是否减轻了一些呢？如果你仍然无法消除收费带来的心理负担，那么不妨尝试思考：社群是否真的可以完全免费运行？

> 或许可以创建一个免费的社群，至于是否能盈利，那都不重要。

在决定创建社群时，你可能听到过以上建议。然而，事实上，许多群主的经验告诉我们，持久运营免费社群难度更高。

2018年，群主小六在知识星球上创建了一个名为"小六和他的朋友们"的免费社群，该社群主要聚焦于SLAM技术[1]的教学。当他第一次在公众号上推广时，由于没有设立付费门槛，各行各业的读者纷纷涌入——有来自SLAM技术行业的人，也有来自编程行业的人，甚至有来自网络安全行业的人……这样的场景令小六非常欣喜，他悄悄期待着社群能一直这样门庭若市。

然而，运营几个月后，问题接连而来。首当其冲的便是小六的分享动力急剧下降，其次是社群的内容生态变得混乱无序。

---

[1] SLAM 是同步定位与地图构建（Simultaneous Localization And Mapping）的缩写，最早由 Hugh Durrant-Whyte 和 John J. Leonard 在 1988 年提出。

## 第四章 推广社群前的必备动作

> 因为是免费社群，加入的人很多，但是输出的人很少，干货内容的积累非常依赖于我的输出。同时，每天向我提问的人也很多，免费分享和回答了一段时间后，只感觉身心俱疲，一点儿分享的欲望都没有了。加上社群没有门槛，相当于没有筛选机制，导致进群的人并不全是 SLAM 技术行业的人，各行各业的人都有，甚至很多人都不了解我是谁就加了进来。进来后，发什么内容的都有，导致社群的内容非常杂乱，有价值的内容常常被一些水帖覆盖，一点儿也不纯粹。

小六不堪其扰，思考再三，决定关闭免费社群，重新建立一个付费社群，只邀请他所在的 SLAM 技术行业的人加入。果不其然，事实证明，付费社群运营得更长久和稳定。小六的付费社群"小六的机器人 SLAM 圈"运营 5 年多，已经收获了 5000 多名付费用户。

每当回顾这段经历时，小六都真诚建议每位想做社群的朋友大胆地收取门票费。

> 通过付费能找到那些愿意为你付费的人，也能考验你做的事情是否能够被认可，还能让你拥有一笔持续的收入。这样，一旦有人付费，就是对我们的认可，相信我，这会让我们更有动力地将社群持续运营下去。

小六的经历告诉我们，即使群主有着满满的热情，能够在一段时间内坚持在社群中更新内容，但终究会因为没有实际收益，以及因免费而带来的各种问题丧失运营社群的信心和动力。相反，只要社群提供的服务可以解决一部分人的刚需问题，明码标价的社群并不用担心招不到会员。

实际上，有付费门槛的社群更容易吸引到志同道合、认可群主的人，可使社群内的交流更加顺畅。同时，社群的收入也可以用于招聘运营人员，为社群注入新的活力，持续创新服务项目，创造新的价值，让社群始终保持活跃。

因此，收费并不是"割韭菜"，而是维持社群运营的必要之举。如果你能换个角度看待这个问题，那么，推广前夕的恐惧和疑虑，也就能迎刃而解了。正如群主唐韧所说的：

> 学会用做公益的心态去服务用户，用商业的手法交付价值，才能赢得自己和他人的认可，社群的价值也才会越来越大。

### 2. 锚定推广目标：找到第一个付费用户

在推广社群的准备阶段，设定一个清晰的推广目标可以帮助群主充分利用好资源，找到尽可能多的付费用户。然而，设定这样的目标并不如想象中简单。很多群主会遇到一个疑问：

> 第一次推广社群，能找到多少付费用户才算成功？

如果有一个统一的答案，那么群主就能朝着这个目标奋力向前，即使没有达到目标，也能知道与目标之间的差距，知道自己下一次应该在哪些方面加把劲儿。

### 第四章　推广社群前的必备动作

然而，实际上，每次推广活动能找到多少付费用户，其结果受群主的转化能力、社群所属的行业类型、用户的消费能力，以及推广渠道的粉丝黏性等多个因素的影响。同一个社群采用不同的推广渠道，如公众号和抖音，可能会因为推广方式的不同而获得不同的效果。而对于不同的社群而言，即使使用相同的推广渠道，由于社群所属的行业类型和目标用户的消费能力不同，也会有不同的推广效果。

事实上，并不存在一个适用于所有社群的推广目标。如果说有一个标准，那就是：

> 在第一次推广活动中，只要能找到第一个付费用户，那就已经成功了。

然后基于这一个付费用户，持续调整和优化推广策略，找到更多付费用户只是时间问题。

关于推广目标应该设定为多少，这个问题实际上是无法量化的。在调研了知识星球众多群主如何设定社群的第一次推广目标后，我们发现这个问题的答案实际上取决于每位群主的粉丝基数和转化能力。

例如，群主粥左罗在全网拥有 150 万名粉丝，擅长借助图文、直播等各类传播形式吸引用户。因此，他创建的每一个新社群，制定的第一次推广目标比大多数社群的目标都高得多，比如，10 天招到 3000 位付费用户，30 天招到 4000~4500 位付费用户。而像群主老徐[1]和张云金[2]，在第一次

---

[1] 老徐，十年职场人，技术人，拥有 10 万名读者，在知识星球创建有社群"21 天打卡"。
[2] 张云金，地理信息系统（GIS）从业者，产品经理，在知识星球创建有社群"GISer 学习资源库"。

创建社群的时候，他们的公众号读者仅有 1 万人左右，且计划第一次推广只在公众号进行。因此，他们设定的第一次推广目标都是 100 名付费用户。

如果知道自己的粉丝数量，但是无法评估自己的转化能力，可以参考所在的社群平台的官方建议。例如，群主小六第一次推广社群时，他设定的推广目标是超过 50 名付费用户，这是因为在知识星球，新社群拥有 50 名付费用户后，就能解锁更多功能。

所以，第一次推广社群时的推广目标没有一个标准答案，找到多少位付费用户也并非最重要的。真正关键的是，群主能从第一次推广中找到用户愿意付费的原因，然后在下一次推广中强化这个优势，从而持续吸引有相同需求的用户加入社群。同时，也要从第一次推广中找出其他人不愿付费的原因，在下一次推广中弥补这些短板。只有这样，我们的社群才能源源不断地吸引新的付费用户，逐渐壮大。

## 第二节

### 准备社群广告和海报

对于第一次推广社群的群主来说,他们通常会选择在朋友圈、公众号、视频号等平台上,通过图文、视频或直播的形式来进行推广。无论选择哪种方式,推广前都需要准备好社群广告和海报。这些素材的质量往往决定了社群能否吸引潜在用户的注意力,同时也在很大程度上决定了推广的最终效果。

那么,如何准备社群广告和海报呢?下面将为大家详细介绍具体的操作方法。

#### 1. 编写社群广告:清晰描述动机和价值

优秀的演讲家之所以能够获得鲜花和掌声,是因为他们在演讲过程中通过吸引人的语气和神情,以及演讲内容引起了观众强烈的共鸣。这些元素共同构成了一场成功的演讲。同样地,优秀的社群广告就如同演讲家脑海中的稿子,它的内容和文案风格[1]应该能够让用户相信群主有能力提供他们

---

[1] 对社群推广文案风格感兴趣的朋友,可前往本章末尾的拓展阅读(七)进行查看。

所期望的服务。

好的社群广告由两部分组成：群主运营社群的动机和社群提供的服务价值。把这两个要点介绍清楚，用户自然就有了付费加入的想法。那么如何写好社群广告呢？

表 4-1 所示的是常见的社群广告内容要点，主要包括以下几方面，大家可以根据自己的情况选择编写。

表 4-1

| 社群广告内容要点 |||
|---|---|---|
| 运营社群的动机 | 社群服务 | 社群定价 |
| 群主介绍 | 嘉宾介绍 | 学习方式 |
| 社群福利 | 社群评价 | 社群愿景 |

（1）运营社群的动机。群主是社群品牌形象的一部分，也是社群的最佳代言人。在社群广告中，群主可以通过具体生动的事例向目标用户介绍自己运营社群的动机，并选用具有代表性的事件来说明自己擅长解决哪一类问题。这样，目标用户就可以判断群主是否值得信任，并考虑是否加入社群。

（2）社群提供的价值。群主需要清晰地向目标用户传递"社群为什么值得加入"的信息。在群主条形马看来，这是社群的"吸铁石"，也是社群的吸引力所在，对于能否找到付费用户起着关键作用。他说：

> 我们如何独特？为什么人们值得走近我们，走到我们之中？定义清楚社群的"吸铁石"，用它去回答这样的问题，就能够对社群的增长和招募产生四两拨千斤的效果。

## 第四章 推广社群前的必备动作

他列举了如下几个有关社群"吸铁石"的案例。比如，一个面向职场人提供"内推"机会和修改简历服务的社群，群主用一句话概括了社群的价值：

> 这个群能改简历，负责过大厂招聘业务的同事，亲自教你怎么改，改出美团味儿、字节范儿。

再如，一个面向古玩爱好者、收藏家，提供鉴别古玩真假服务的社群，群主这样概括社群的价值：

> 群里多个鉴伪高手坐镇。你不认识的物件，对群里的高手来说，可能就是一眼假。

还有一个提供开展副业思路的社群，群主也用一句话概括了社群的价值：

> 群里白手起步、从零到五十万元以上的高手，不下十个，而且他们都爱分享。

像这样，用一句话把社群的核心价值提炼成一件令潜在用户心向往之的事情，他们看到后自然而然就会被吸引，然后主动了解和探索社群。当然，如果你觉得仅仅用一句话不足以完全展现社群的价值及魅力，还可以围绕"吸铁石"，进一步从下面两个要点展开细致描述。

（1）<u>社群服务</u>。分别罗列社群提供的服务项目及交付形式。首先，描述清楚具体的服务内容。以上面提及的古玩社群为例，社群是针对所有类别的古玩提供鉴别服务，还是只针对陶瓷、书画、玉器、铜器这几类？其次，描述清楚鉴别古玩的方式。是群主和用户连线视频鉴别，还是约定线下实地鉴别？抑或是用户在社群内提交古玩图片后，群主在社群内鉴别？

（2）**嘉宾介绍**。嘉宾是社群的人脉资源，在社群广告中列出嘉宾的名字、头衔及他们擅长解决的问题等，能很好地提高社群的吸引力。仍以上述古玩社群为例，在介绍社群价值的那句话中提到了"鉴伪高手"，为了让目标用户更全面充分地了解高手们的实力，可在社群广告中罗列他们的头衔，以及各自擅长鉴别的古玩类型、鉴伪成功的次数和事迹等。

除了以上提及的必要信息，如果大家想让社群广告锦上添花，还可以根据社群广告的篇幅适度补充社群福利、社群评价等信息。例如，群主邀请有一定影响力的 KOL 为社群写一段评价，对于增强社群的品牌背书非常有益。常见的社群福利共有 9 类，如表 4-2 所示，群主可以根据自己的情况添加。

表 4-2

| 社群广告里常见的社群福利类型 |||
| --- | --- | --- |
| 付费用户专享的资料包 | 付费用户专享的纸质书 | 付费用户专享的电子书 |
| 不限次数一对一提问 | 社群限时/限量优惠券 | 限量课程优惠券 |
| 线下活动优先参与资格 | 群友专属微信群名额 | 添加群主微信 |

以群主唐韧为例，每次推广社群时都会在公众号的社群推广文章结尾注明：

> 现在付费加入社群，即可免费领取 330 页精华电子书。

第四章 推广社群前的必备动作

他的电子书是社群过去一年的干货文章合集，如图 4-1 所示，很多目标用户为了得到这一福利都愿意付费加入社群。

图 4-1

不同推广渠道和推广方式（图文或视频）的广告篇幅不一样，风格也不同。因此，在编写社群广告时并非一定要包含表 4-2 中的全部内容，只要传达的信息能够获得目标用户的信任，足以吸引大家付费加入社群就可以了。

## 2. 设计社群海报：突出与目标用户有关的信息

社群海报同样承担着传递社群信息的重要责任。有时候，群主仅凭一张优秀的社群海报就足以打动目标用户。就像群主杨涛[1]所说的：

> 推广社群的一个很重要的逻辑是：卖社群，就是卖海报。因为，在推广社群时，促成用户购买靠的是 90%的严肃信息科普和 10%的情绪和关系。
>
> 而就这 90%的信息科普来说，我们要明白一个道理，信息的传递是耗散的。就拿"表达"这件事来说，写出来的远比能说出来的少，说出来的远比脑子里能想出来的少，你想的说出来，你说的写出来，在这个过程中，原始信息是逐级消耗的。所以在推广社群时，海报作为一种可视化的信息载体，对于消除我们和目标用户之间的信息差是极其重要的，也是促成用户购买的关键。

那么，如何设计一张优秀的社群海报呢？它一般包括图案和文案两种元素，图案包括社群 Logo 和能增加视觉美感的符号，文案一般包含以下要素。

（1）社群名称和群主名字。

（2）社群 Slogan。

（3）群主介绍。

（4）社群目标服务人群。

（5）社群权益。

（6）社群福利。

（7）付费方式和定价。

（8）社群入口。

---

[1] 杨涛，公众号"屋里涛说"作者，互联网创业者，在知识星球创建有社群"平民创业手册"。

## 第四章 推广社群前的必备动作

社群名称、付费方式和社群权益是社群海报上的三大核心信息，也是与潜在用户产生直接联系的关键信息，是每张社群海报必不可少的内容。其中，社群名称可以帮助用户明确社群的身份标识，使潜在用户清楚自己将要加入的是什么社群；付费方式通常以二维码形式出现，旨在为潜在用户提供便捷的入群途径；社群权益则与潜在用户的需求和期望紧密相关，让用户知道社群可以帮助他们解决何种问题，以及能够为他们创造什么价值，是吸引他们加入社群的重要因素。

这三项信息是不可或缺的，其他信息则可以根据海报的应用场景和需求灵活添加。我们以"运营研究社"社群的海报为例来看一下，如图 4-2 所示。海报顶部明确标出了社群名称和群主姓名，底部则提供了付费方式和定价信息；海报的中间部分详细介绍了群主的个人信息和社群权益，并添加了群主的肖像。这样的设计清晰地向潜在用户展示了这是哪位群主的社群，并以简洁而有力的方式展现了社群价值，极大地提升了潜在用户的付费意愿。

不同的推广渠道需要不同尺寸的社群海报，因此没有固定的海报尺寸。但是，无论海报尺寸大小，都必须确保潜在用户能够清晰地看到海报上的每一个字和图案，避免遗漏关键信息。因此，完成社群海报设计后，需要在不同类型和尺寸的手机上进行预览，从用户的视角思考文案、排版等是否还有优化的空间。

如果对自己的海报设计能力没有信心，或者担心排版布局不够清晰美观，可以参考同类型的社群海报，从中学习并摸索自己的排版布局和设计风格；还可以在设计网站上购买喜欢的海报模板，按照自己的喜好调整模板的图案、文字、颜色和 Logo 等，这是一种非常有效的海报设计方法。

图 4-2

### *拓展阅读（七）

#### 社群海报案例合集

在知识星球，有很多社群的海报都非常引人注目。扫描图 4-3 所示的二维码，查看这些优秀的社群海报案例，为自己的设计寻找灵感。

图 4-3

第四章 推广社群前的必备动作

## 第三节

## 准备"开胃菜"和新人手册

推广社群的最后一项准备工作是，为即将加入社群的会员准备"开胃菜"和新人手册。

"开胃菜"的作用是帮助新会员了解群主的服务能力，以及能够让他们在第一时间了解在服务期限内社群提供的服务项目，服务项目通常包括多篇干货文章和社群全年权益说明。新人手册一般包括欢迎语、社群和群主介绍、服务规则，其作用如下。

（1）向新会员表示欢迎和感谢。

（2）让新会员更全面系统地了解群主和社群。

（3）让新会员了解如何享受社群提供的各项服务：如何搜索资料、如何报名参加活动等。

（4）帮新会员熟悉社群内各项功能的操作：如何发帖、如何提问、如何打卡等。

总之，新人手册的最终目的是让每位新会员都能顺利融入社群，收获愉快的学习和交友体验。

那么，如何准备"开胃菜"和新人手册呢？下面是具体的操作方法。

### 1. "开胃菜"：凸显群主和社群价值的利器

在"开胃菜"中，群主可以围绕社群主题撰写实操性强的干货文章。例如，如果是一个互联网设计类的社群，可以围绕"设计"这个主题撰写文章，如《提高设计能力的十个技巧》《十个设计实操问题解答》《互联网设计岗的保姆级面试教程》《每个设计师都能用上的设计素材库》等。

群主在社群内提前发布这些干货文章（通常被称为"验货帖"），会员加入社群后就能立即阅读。如果新用户认为这些干货文章的内容质量高、符合预期，那么在社群内停留的概率就会提高。因此，很多群主都会将"开胃菜"设置在社群首页，以便新用户能够第一时间了解，力图给他们留下良好的印象。

对于"开胃菜"中的"社群全年权益说明"，同样需要围绕社群主题来制定。在详细列出所有权益后，可以用图文或者海报的形式发布在社群中，方便新用户查阅。以"唐韧的产品星球"社群为例，社群的主题是"提供产品知识、案例分析和产品思维训练课程，帮助产品经理打破'学产品，没人带'的困境"。群主唐韧围绕这个主题列出了 7 项权益，并制作成一张"付费用户权益海报"，如图 4-4 所示。会员只需扫一眼就能知道自己在社群可以享受哪些服务。

当列出"社群全年权益"时，群主无须过分追求数量，只需列出能够提供的服务项目即可。因为如果项目过多，可能会因为心有余而力不足，无法履行承诺，反而会降低会员对群主的信任。

第四章 推广社群前的必备动作

图 4-4

## 2. 新人手册：让新用户快速融入社群的必备宝典

如上面介绍的，新人手册的内容主要包括欢迎语、社群和群主介绍、服务规则，其中"服务规则"又可以细分成社群内各项功能使用方法、进入和退出社群的方法、群主和管理员的联系方式和激励机制，如图 4-5 所示。汇总下来，新人手册一般包括 6 项内容。

（1）欢迎语。欢迎语看似不起眼，却是群主对新用户表示欢迎和尊重的一种方式。欢迎语的形式主要有两种，第一种如图 4-6 所示，群主韩松[1]在他的新人手册里统一向新用户表示

---

1 韩松，摄影师，"原画册"创始人，在知识星球创建有社群"原画册·摄影日课"。

113

欢迎和感谢。第二种如图 4-7 所示，群主曹将[1]在每位新用户的自我介绍主题帖的评论区表示欢迎。这两种形式都能给予新用户归属感和亲切感，帮助他们快速融入社群。

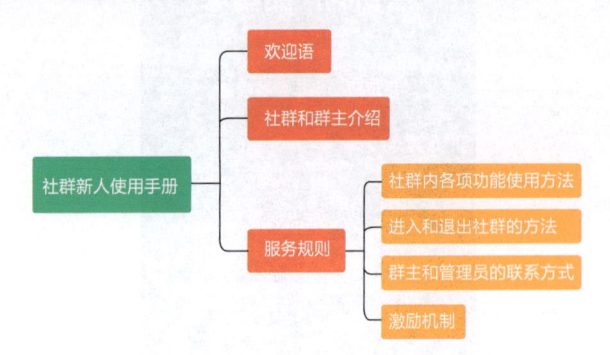

图 4-5

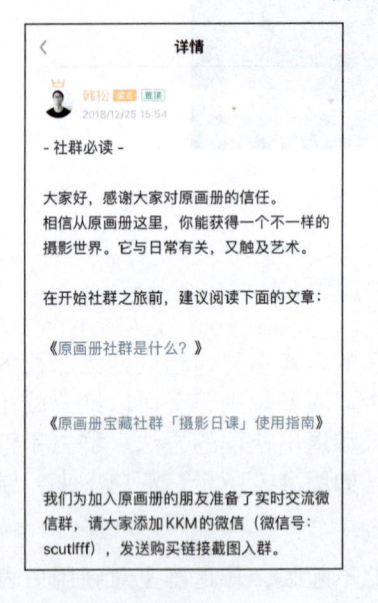

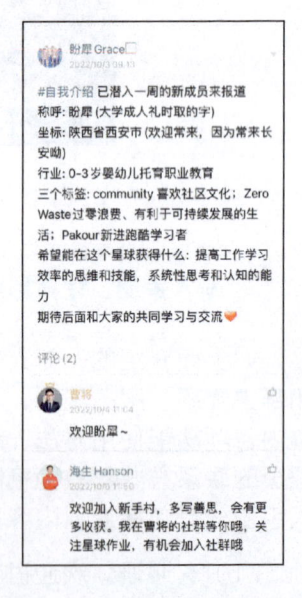

图 4-6

图 4-7

---

[1] 曹将，同名公众号主理人，著有《高效学习：曹将的公开课》和《PPT 炼成记》，在知识星球创建有社群"曹将和朋友们"。

(2)**社群和群主介绍**。其目的是让新用户全面详细地了解社群的资源和群主的信息，方便日后在社群内学习和交流。如何写好它们，我们在第二章已经详细阐述，这里不再赘述。

(3)**服务规则**。具体包括下面4项内容。

- 社群内各项功能如何使用。包括如何发帖、如何提问、如何打卡、如何提交作业、如何搜索内容等。只有掌握了这些功能，用户才能在社群中顺畅交流。

- 进入和退出社群的具体步骤。需要清楚地向用户介绍进入社群的各种途径，如通过App、PC端、小程序等。只有提供多样的进入渠道，用户登录社群的频率才会提高。而"如何退出社群及相关规则"，则是为了妥善处理用户中途退群所引发的退款问题。需要明确地让用户知道：从付费入群的时刻开始，什么期限内可以申请全额退款，以及如何申请退款；当入群时间超过全额退款期限时，应如何计算退款比例等。

- 群主或社群管理员的联系方式。新用户在进入社群后，可能会遇到各种操作问题。虽然相关主题帖会提供一些帮助，但可能仍有一些问题无法解决。如果群主在新人手册中提供了自己或管理员的联系方式，用户就能及时、有效地得到帮助。

- 激励机制。这是一种能够激发会员主动参与学习的运营策略。在新人手册中介绍激励机制，可以提高用户的互动交流积极性和拉新意愿。比如，每发布一篇优质帖可以获得一定的现金奖励，每邀请一位朋友加入社群可以获得某种奖励等。但是，不是每个社群在运营初期都需要设置激励机制，群主可以根据实际情况决定。

准备好新人手册后，群主可将它设置在社群首页的顶部位置，以便引起新用户的注意。以知识星球 App 为例，群主可以利用主题帖的置顶功能将手册置顶，新用户进入社群页面后能够第一时间阅读了解，如图 4-8 所示，无须群主或管理员在社群内不断地发帖介绍。

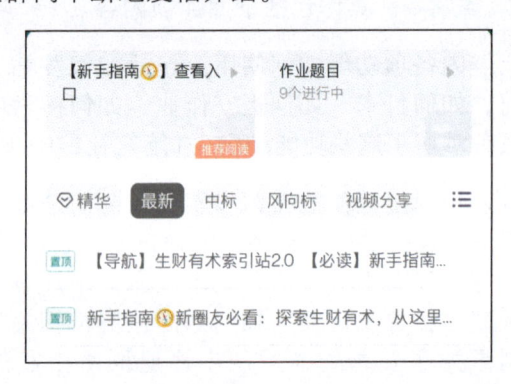

图 4-8

做好这一系列准备工作后，下一步就可以开始对外推广社群，寻找目标用户了。

### *拓展阅读（八）

#### 两种社群广告的编写思路

社群广告的编写思路有两种：开门见山和从热点事件切入。每种思路的叙述方式各有千秋，对内容的布局也有不同的要求。群主若想精进这部分的技能，可扫描图 4-9 所示的二维码阅读。

图 4-9

# 第五章

## 人人都能掌握的社群推广方法

在知识星球，许多群主都会选择从自己的公众号开始推广社群，原因在于公众号是社群目标用户的主要集结地，群主能通过公众号找到一批愿意付费的用户。

如何从茫茫人海中找到愿意为社群付费的人？答案就是深入了解和目标用户相关的场景和渠道，并在此基础上持续推广。那么如何找到和目标用户相关的渠道呢？找到适合的渠道后，应该如何推广呢？这些都是在寻找付费用户的过程中，群主必须解决的问题。

本章将详细介绍在公域渠道和私域渠道推广社群的经典策略和案例，以及如何挑选适合自己的推广渠道。我们还将分享成功推广社群所必备的策略和心法。希望这些内容能帮助每位群主尽快找到自己的铁杆会员。

## 第一节 推广社群的经典方法

推广社群的渠道主要分为公域和私域两种类型，它们是基于渠道流量的公私属性来划分的。在公域渠道发布的内容可能会被平台上的所有用户看到，而在私域渠道发布的内容仅限自己的微信好友或社群用户可见。不过，流量是动态的，通过一些有效策略，可以将公域渠道的用户引入私域，或让用户在公域或私域渠道之间流动。

因此，群主寻找付费用户实际上是一个从公域和私域渠道中寻找目标用户，并引导他们加入社群的过程。那么，在不同的公域/私域流量渠道里，群主应如何有效地推广社群，找到付费用户呢？

### 1. 公域渠道常用推广方法

可用于推广社群的公域渠道包括：各类门户网站、App和新媒体平台，频繁使用的渠道有公众号、视频号、B 站、抖音、微博、小红书等。不同的渠道有不同的特点，对应的推广方法也不一样。

## 第五章　人人都能掌握的社群推广方法

### 1）公众号

近年来，自从短视频平台崛起后，很多人认为以公众号为代表的图文时代已经成为"过去式"，在公众号上推广社群的效果不如其他平台显著。但群主王子冯[1]始终认为，公众号一直是推广社群的最佳渠道：

> 聚集在公众号的读者，愿意花时间阅读"长内容"。而社群本身就是"长内容"和人的集合，与公众号的内容生态适配性很高。因此在公众号推广社群，转化效果稳定。比如，仅仅就 2022 年而言，我的社群有 70% 的会员都来自公众号。

除了王子冯，群主郭拽拽[2]认为在公众号推广社群还有一个优势，即公众号文章自带长尾效应。群主在公众号推广过一次社群，只要不删除推广文章，总会有人看到文章并对社群产生兴趣，然后付费加入。

在公众号推广社群的方法灵活多样，这里为大家列举四种方法。

第一种方法是，群主在自己的公众号上推广。这种方法需要群主有自己的公众号，并积累了一定基数的读者。这种方法的转化效果很大程度上取决于文章的质量。关于如何撰写推广文章，群主小码哥[3]有一些心得体会：

---

[1] 王子冯，2020 年获得千聊年度影响力冠军奖杯，万人微商团队长，在知识星球创建有社群"王子冯的创富手记"。

[2] 郭拽拽，公众号"郭拽拽"主理人，"90 后"创业者，《前途无量》一书作者，在知识星球创建有"郭拽拽·成为赚钱高手"等多个社群。

[3] 小码哥，《零基础轻松学 Python》一书的作者，在知识星球创建有社群"Python 实战圈"。

> 写推广文章一定要用心，因为读者通过文章就能看出群主是否认真对待"做社群"这件事。用心的意思是，能让读者看懂文章内容并有所收获。比如我在写推广文章的时候，先结合具体的问题分享 Python 技术知识，再邀请他们加入社群，这么做成功率很高。

群主郭拽拽的经验是，推广社群的文章通过生动的故事向读者阐述创建社群的动机，以及通过真实案例展示社群的价值，这样能带来显著的转化效果。根据相关统计数据，在读者黏性较高的公众号上发布这样的推广文章，如果文章的阅读量能达到 2 万次，那么对于门票定价在百元左右的社群，通常能带来约 500 名新会员。

第二种方法是利用公众号的菜单栏和自动回复功能推广社群。通常情况下，该方法不如第一种方法的推广效果显著，但它可以持续增加社群的曝光度，每次带来的转化效果虽然微小，但可持续。总的来看，这也是一种效果非常不错的推广方法。

那么，对于第二种方法，具体应该如何操作呢？以"机械狗 VIP 社区"社群为例，群主 David 使用公众号后台功能，将加入社群的链接或二维码放在公众号菜单栏和"自动回复"处，如图 5-1 所示。每位进入公众号首页的读者，只需点击菜单栏下的"VIP 社区"，或在关注后点击"自动回复"中的社群入口链接，就能自动跳转到加入社群的页面，如图 5-2 所示。读者在该页面完成付费后，便能顺利加入社群。

第三种方法是互推。互推是指群主邀请其他 KOL 帮忙推广社群。这种方法要求双方都拥有自己的自媒体渠道，这样才能达成合作。群主小码哥就认为：

第五章 人人都能掌握的社群推广方法

图 5-1

图 5-2

> 群主拥有自己的社群才算是自媒体人的一分子，才算有了可以和其他人互换的渠道资源，此时寻找其他号主一起合作，既节省广告费又可以认识很多有趣的号主，拓宽合作资源。

需要注意的是，双方在合作之前都要做好粉丝画像调研，确保合作对象的粉丝画像符合自己产品的目标用户画像，如此互推才会带来理想的推广效果。

群主除了和同平台群主互推，还可以和跨平台的群（博）主合作。群主斯斯[1]在冷启动自己的社群时就采用了这种方法。她的社群"闪光少女-赚钱女孩都在这里"的目标用户是年轻女性群体，除了在自己的微博推广，她还和小红书上的博主互推，最终招到了上千名新用户。

第四种方法是付费投放。所谓付费投放，指群主付费请各个群（博）主在他们的自媒体渠道上帮忙推广自己的社群。这种方法的优点在于，群主无须自行运营多种自媒体渠道，只需对合作群（博）主的粉丝画像有所了解，确保他们是社群潜在的目标用户，然后付费请他们推广即可。然而，这种方法的挑战是，群主需要精确计算投入产出比，并确保这个比值为正，同时需要花费大量的精力寻找经验丰富的合作伙伴测试并评估投放效果，整个程序较为复杂，因此大多数群主并不常选用这种推广方法。

**2）视频号**

在微信生态里，群主还可以用视频号推广社群。用视频号推广的一个优势是，发布视频的次数不受限制，群主能以更立体生动（声画结合）的方法向潜在用户展示社群价值。在使用这种方法时，同样需要群主有自己的视频号账号并积累了一定数量的粉丝。一般来说，群主在视频号上推广社群有两种方法：视频推广和直播推广。

视频推广和直播推广最大的区别是，视频推广的视频可以被重复利用，和公众号文章一样具有长尾效应。直播推广的互动性则更强，群主在线介绍社群，还能及时回答观众提

---

[1] 斯斯，2020 福布斯 U30、2021 胡润 U30 获得者，全网粉丝超 600 万名，在知识星球创建有社群"闪光少女-赚钱女孩都在这里"。

## 第五章 人人都能掌握的社群推广方法

出的问题。群主花爷[1]直播推广社群的经验十分丰富，他认为直播推广社群的效果比视频推广要好：

> 社群是基于群主个人IP创建的内容型产品，它向用户提供的是一种认知训练服务，我们发的图文、视频或是直播传递的信息，都是对用户认知的一种引导训练。如果用户在这种训练下变得想拥有和群主一样的思维，他们就会比普通人更愿意付费。而和视频、图文相比，直播是一种更生动、全面、即时的信息触达形式，对用户的认知训练效果更好。因此直播推广社群的效果大概率会更好。

直播推广社群主要有两种具体的操作方法。第一种方法是群主将社群的付费链接直接挂在直播间的购物车里，观众只需点击购物车链接，便可付费加入社群。整个过程可以由群主一人独立完成，简单且便捷。

第二种方法是，群主在直播间销售加入社群的优惠券，观众购买优惠券后，群主将观众拉进预售微信群，在微信群内引导大家使用优惠券付费加入社群。群主花爷曾使用过这两种方法推广社群，结果发现第二种方法的付费转化率比第一种高几十倍。

然而，第二种方法需要团队协作才能有效执行。如果人手充足，可以考虑采用第二种方法，如果只有群主一个人运营社群，那么第一种方法则更加快捷方便。

值得一提的是，无论是在视频号还是在其他渠道，只要

---

[1] 花爷，公众号"花爷梦呓换酒钱"主理人，自媒体创业者，在知识星球创建有社群"愚公掘金"。

群主提前对合作对象的粉丝画像做好调研，都可以采取和公众号类似的互推和付费投放的方法。

### 3）微博

微博也是推广社群的常用渠道之一。由于在微博发帖次数不受限制，而且有"短微博"（140字以内的文案）和"长微博"（140字以上的文案）之分，因此它为群主推广社群带来了和公众号不一样的便利。群主小码哥就经常在微博上推广社群：

> 我一般早、中、晚各发一次"短微博"，内容以分享技术知识为主，配图则是社群海报，这样能最大程度地让所有粉丝知道我有一个社群。加上考虑到目标用户在微信里付费加入社群更方便，所以每次在公众号发表长篇的推广文章之后都会同步转发到微博上。这样，对我的社群感兴趣的微博粉丝，就可以跟随微博长文章里的指引进入我的公众号，并付费加入社群。

此外，在微博上也可以使用视频或直播的方法推广社群。大家可以参考视频号的推广方法，然后根据微博的内容生态及推送规则、粉丝画像的特点调整视频内容或直播风格，这样也可以找到付费用户。

### 4）B站

B站和前面介绍的公众号、视频号和微博一样，也是内容创作平台，它支持发视频和做直播，还支持发布长文章。由于和其他内容创作平台的内容生态、用户画像和推送规则不同，群主在这里推广社群的方法也有所差异。

根据群主郭拽拽的观察，B 站的用户对内容要求比较高，大部分人喜欢吸收新知和高价值信息，以及能引发情绪共鸣的长视频内容，纯广告的视频非常不受用户欢迎。他建议群主在 B 站推广社群时，视频里应主要分享高质量的内容，最后在结尾以温和的方法介绍社群即可。还有一种方法，即只在视频里分享高质量的信息，然后在个人主页公告位置留下加入社群的方法，也可以在视频的评论区、视频简介里留下微信联系方式或加入社群的方法。

事实证明，在 B 站推广社群，付费转化效果最好的方法是后一种——群主先邀请粉丝关注自己的公众号或加入自己创建的微信群，然后在公众号或微信群里推广社群。

郭拽拽提醒大家若使用这种方法，需要注意一个前提条件：

> **群主在 B 站上分享的内容要足够垂直，必须是基于某个行业领域持续分享的高价值内容。** 比如，我们的 B 站账号专注分享财经行业内容，每天都会发布一个解读市场行情、财经事件的视频，然后再邀请粉丝关注公众号或加入微信群。像这样通过高质量内容吸引而来的用户，其黏性和加入社群的意愿都比较强，在公众号或微信群内向用户推广社群，最终的转化效果很不错。
>
> 相比之下，若账号只是分享明星八卦、影视综艺之类的娱乐性内容，不涉及任何干货内容，即便邀请粉丝关注自己的公众号或加入微信群，也会因为用户群体不够垂直，推广效果大打折扣。

另外，在 B 站、视频号推广社群的方法，群主同样可以复用在抖音上。

5）抖音和小红书

在抖音推广社群的方法和在 B 站上的推广方法类似，差异仅在于随着平台规则的变化，群主需要调整某些环节的推广策略。同样，在公众号推广社群的方法，也可以复用在知乎、小红书等偏图文内容创作的平台上。

比如，在抖音推广社群时，群主可以在个人主页的背景图上添加自己的微信公众号名称，对社群感兴趣的粉丝看到后就可以主动搜索并关注群主的公众号，进而群主再在公众号指引他们付费加入。

除此之外，群主还可以在个人简介处添加社群的入口链接，或将社群作为商品在店铺上架。如此，粉丝只需点击链接就能了解社群的服务权益，或在线咨询群主与社群相关的问题，也可以点击进入店铺付费购买，十分便捷。图 5-3 是某位群主的抖音账号的个人主页，她运用了以上三种方法指引感兴趣的粉丝加入自己的社群。

图 5-3

而在小红书推广社群时，群主发布推广文章后，如果有粉丝通过私信咨询如何加入社群，若发送群二维码或微信号给粉丝，可能会触发小红书平台的关键词屏蔽机制，这时候就要随机应变调整策略（比如，改用"谐音梗"或使用"emoji表情和文字的组合图文"回复粉丝）。群主在自己的小红书账号主页或者爆火的帖子下方评论区里留下加入社群的方法（个人微信或社群入口链接）时，做法相同。

以上是知识星球群主们常用的公域渠道及推广方法。一般情况下，群主在哪个公域渠道运营账号，就在哪里推广。对于从未接触过的公域渠道，为了获得理想的推广效果，可以考虑采取互推和投放的方法，或者尝试运营自己的账号，构建自己的推广渠道，扩大影响力。比如只擅长在公众号推广社群的群主想在抖音推广，可以和抖音博主合作，或者利用业余时间在抖音运营账号，积累粉丝。

互联网在不断发展变化，多学会一种推广方法，对于提高社群的付费用户数量将大有裨益。

## 2. 私域渠道常用推广方法

前面介绍过，在 B 站这样的公域渠道推广，群主可以让目标用户添加自己的微信号或加入微信群，再邀请他们加入社群。因此，可用于推广社群的私域渠道一般有微信朋友圈、微信群，以及付费社群。

### 1）微信朋友圈

当微信好友画像和社群的目标用户画像高度重合时，或者当在公域渠道筛选出目标用户并成功加上他们的微信时，朋友圈便相当于一个拥有潜在社群会员的小流量池，在这里发布的推广文章和视频能够更精准地触达目标用户。

社群"私域增长圈"的群主阿May[1]曾每天在朋友圈分享知识干货——一段文字配上一张社群海报，经常能引起微信好友对社群的兴趣。阿May以这样的方法每天都能招到一些付费用户。虽然数量不多但黏性非常高，很多已经成为她的"铁杆会员"。

除了在公域账号上推广社群，还可以尝试邀请目标用户添加自己的微信号，像阿May一样在朋友圈推广社群，最终也能将一些犹豫不决的目标用户转化进社群，让他们成为自己的铁杆会员。

**2）微信群**

在微信群推广有一个比较重要的前提条件，即微信群必须是以群主的名义创建和维护的，且微信群会员画像和社群的目标用户有比较高的重合度。这样群主才能毫无心理压力地当家做主，随时推广社群，否则在他人的微信群随意推广很可能有诸多不便和限制。

那么，群主如何创建属于自己的微信群呢？

以群主小码哥为例。在做社群之前，他是畅销书《零基础轻松学Python》的作者，也是系列视频"如何七天学Python"和"零基础学Python办公自动化"的创作者。他以作者和课程讲师的名义创建了一个微信群，邀请读者和学员进群交流。而群主David则通过不断在公众号分享机械工程相关的内容，进而向读者发出入群邀请，最后组建了几十个机械工程从业者的微信交流群。

创建好微信群后，可将推广社群的文章或视频发到群

---

[1] 阿May，我辈科技创始人，公众号"增长女黑客"主理人，社群付费用户达5000多人。

### 第五章 人人都能掌握的社群推广方法

内,也可以将推广社群的直播链接发到群内,邀请群会员观看。会员若有疑问,可以及时在群内解答,这样能够有效地提高付费转化率。

在微信群推广社群还有一种方法——群预售,它需要其他推广渠道辅助。在推广社群之前,群主需要做好预热——在朋友圈或公众号等其他渠道发布通知,邀请有兴趣了解社群的好友入群,然后为入群的人准备一份福利(干货资料包或者社群门票优惠券)。

当群里聚集了一批有意向加入社群的人后,群主再分享社群专注解决的问题、会员拥有的权益等信息,同时解答大家的疑问。当大家对社群表现出浓厚的兴趣,并且相信社群是一个值得加入的地方时,群主会将社群的付费链接发布到群内。这种方法不仅能吸引付费用户,而且相较于直接在朋友圈推广,付费转化效果更佳。正如群主杨涛所说的:

> 采用"群预售"的方法推广社群,一定要足够重视预热。因为付费行为需要一个契机,而这个契机的出现,需要足够多的时间赢取用户信任。因此,在预热阶段和目标用户加入微信群的阶段,必须清楚地向他们传递我们的社群是什么,社群能提供什么价值,社群能解决什么问题,社群适合哪些人,为什么适合这些人加入等核心信息。
>
> 同时说明用户在什么时间段内加入,能得到什么福利,一定要将这些内容一一讲解清楚。当有用户付费后,我们再在群内实时播报已有多少人付费加入,以及领取福利或者优惠价格的到期时间,从而避免有较强付费意愿的用户错过优惠时间,也能很好地借此提高付费转化率。

### 3）付费社群

只要提前协商好合作的方法，在他人的付费社群也可以推广自己的社群。例如，可以与合作的群主约定作为嘉宾出席社群，并负责回答特定领域的专业问题或定期分享有价值的内容。每次解答或分享的回报将是推广自己社群的机会。群主王子冯曾采用这种策略，不同的是，她的推广方法更为委婉：

> 刚转型做销售两个月时，我误打误撞地进入一个有 400 多人的付费社群，发现社群里的人是我想要的，于是便在社群里主动跟大家交朋友，每天私聊，并且通过朋友圈做好持续吸引，不知不觉，我就吸引了 60 多位付费用户。
>
> 之后，我每年都拿出一笔预算加入各类付费社群。我在里面既找到了朋友，也找到了客户，还有一部分成为我的学员，很多人甚至主动帮我转介绍。

有些群主之间也会相互合作推广，比如在对方付费社群内发布广告，并给予对方社群会员专属的优惠价格。以知识星球的群主 Caoz 和 Fenng[1]为例，他们合作推广各自的社群。Caoz 向 Fenng 的社群会员提供 50 元的专属优惠券，Fenng 的社群会员加入 Caoz 的社群，即可立减 50 元。同样地，Fenng 向 Caoz 的社群会员提供 128 元的专属优惠券，Caoz 的社群会员加入 Fenng 的社群，即可立减 128 元。除了 Caoz 和 Fenng 的社群会员，其他人无法享受这样的专属

---

[1] Fenng，冯大辉，无码科技创始人，公众号"小众消息"主理人，在知识星球创建有"小众消息和他的朋友们""小程序淘金"等社群。

优惠（参见图 5-4）。正是因为知识星球具备这种专属优惠功能，许多付费社群群主都会像 Caoz 和 Fenng 一样合作互推社群，实现双赢。

图 5-4

除了以上介绍的方法，群主还可以在私域渠道上推广社群，并发动老会员来帮忙。这种方法适用于已积累了一定粉丝基础的群主。具体操作方法是，群主设定分享奖励机制，即每成功邀请一位新会员加入社群，邀请者将获得一定佣金，佣金金额与成功邀请的人数成正比，并且没有上限。通过这种共赢的方法，可以有效激发老会员的拉新热情。例如，社群"生财有术"每年开启新服务时，就会采用这种推广方法吸引许多新会员。

## 第二节
## 如何选择最佳推广渠道

我们已经了解了公域渠道和私域渠道的各种推广方法，但在行动之前有些朋友还会有一个问题："在精力有限的情况下，在哪里推广更高效？"换言之，如何找到适合自己的最佳推广渠道呢？

### 1. 如何挑选最佳推广渠道

群主阿 May 认为，群主在哪个公域渠道上拥有的粉丝多就在哪里推广是最高效的方法：

> 自己在哪个平台上有现成的推广资源就在哪里推广。如果你是抖音博主或者 B 站博主，粉丝对你已经拥有一些信任基础，那么在这里推广付费转化率更高。例如，有群主在"喜马拉雅"运营账号，于是他在每条音频里都嵌入社群广告。而我则在公众号、朋友圈和微信群推广，效果都不错。

### 第五章 人人都能掌握的社群推广方法

仅考虑"推广渠道是否具有粉丝"这个因素，有时候无法确保能够得到令人满意的付费转化效果。群主也需要考虑推广渠道的粉丝画像是否与社群的目标用户画像匹配，以及群主自身擅长的推广方法。

假设某社群的目标用户画像是"具有一定编程基础的技术人员"，群主在公众号和抖音两个平台都有账号且粉丝量相当。由于群主在公众号上分享的内容专业性更强，而在抖音上分享的内容则偏向娱乐性，显然他的公众号读者画像与社群目标用户画像的匹配度更高。因此，他选择在公众号上更频繁地推广社群。

在选择推广渠道时，群主是否擅长某种推广方法则是另一个值得考量的因素，其目的是降低推广成本。例如，某位群主更擅长图文创作而非视频制作，那么在视频创作平台上推广社群的时间成本可能会高于在公众号、知乎等图文创作平台的投入成本。若不想放弃流量大但自己不擅长的推广渠道，可以主动尝试推广，但需要经历一个反复测试和调整的过程，时间成本也会相对较高。对于某些群主来说，成本可能不是推广过程中的制约因素，这时可以大胆尝试，也可以选择聘请专业团队来协助推广。

当推广渠道满足以下三个条件：

（1）群主在该渠道运营有自己的账号。

（2）推广渠道的粉丝画像与社群目标用户画像高度重合。

（3）群主擅长该推广渠道的推广方法。

对于群主来说，在这样的渠道进行推广往往更高效且成本更低。大多数群主自己运营的自媒体账号都能够满足以上三个条件，对于少数无法满足这些条件的群主来说，他们可能需要考虑其他推广方法，例如投放广告或聘请专业团队来进行推广，他们最需要考虑的因素是投放渠道与社群目标用户的匹配程度。如果某个渠道的目标用户较多，群主可以加大在该渠道的推广力度。

### 2. 做大社群的三大心法

在推广社群的过程中，找到第一个付费用户并不难，真正的挑战是如何找到第二个、第十个、第一百个、第一千个，甚至第十万个付费用户。要想成功完成这一挑战，请铭记以下心法，并将其融入行动，建立大型社群只是时间问题。

（1）持续推广，是必不可少的行动。

正如群主条形马强调的：

> 我们总是在不同的平台、渠道上去推内容，无论是视频、文字、图片还是音频。这样推内容，其实是在向公众做证明题，证明我们的社群存在、我们所描述的价值存在、我们所描述的优势存在。

持续阐述和展示社群的价值，并不意味着要反复发布相同的广告内容，这样会让潜在用户无感，甚至感到反感。例如，如果一篇推广文章在公众号上的打开率是 2%～3%，这可能是一个很好的结果。但也意味着，即便 3%的阅读量全来自自己的读者，仍有 97%的读者对社群一无所知。这中间的人数差距高达 30 多倍。面对这种情况，有些人可能会说：相同的文章发布多次就可以了。

然而，这种做法对于那 3%的用户来说是一种反复的骚扰。因此，条形马建议，在单一渠道推广社群时，要不断改变推广形式，发布或长或短的社群广告来持续推广，这样才能在单一渠道内实现"全量覆盖"的推广效果。

以群主辉哥为例。辉哥在公众号设有一个用于推广社群的专栏，专栏中的每篇文章的篇幅都不同，内容的表现形式也各不相同，有的是短篇图文问答形式，有的是长篇图文故事形式，有的是图文与语音相结合的方法。这样，每天浏览辉哥公众号的读者不会因为反复出现关于社群的内容而感到厌烦，同时，如果某篇文章阅读量超出平均值，专栏又能触达到新的读者群体，从而提高社群转化率。

**（2）做大社群，复盘同样必不可少。**

从每次推广活动中，找到目标用户的付费动机和可复用的推广策略，然后像滚雪球一样将这些优势逐渐放大，用户数量自然而然会持续增长。

以社群"旁友圈「PPT学习」"为例，每次推广结束，群主邵云蛟都会深入复盘各个推广渠道的情况，逐一了解哪些渠道访问量突出，转化率卓越，以及哪些渠道表现相对逊色。

不仅如此，邵云蛟还会对每个渠道里的社群广告打开率、跳出率及完读率进行详细分析，找出广告中哪些部分需要优化。若使用了优惠券，还会分析优惠券的使用数据，寻找使用频率高的渠道、几乎对优惠券无人问津的渠道，以及从优惠券的文案及呈现的位置寻找疏漏。

根据上一轮推广活动的复盘数据，群主就能在新一轮推广中，更充分地发挥优势，弥补不足。比如，终止在访问量不高的渠道上做推广，增加访问量大的渠道的投放；对于转化率不理想的社群广告，调整广告的内容排版，比如先展现能吸引目标用户的部分，后展示社群介绍部分，并且调整优惠券或付费入口的位置，以便于读者在阅读中一旦产生付费意愿就能立即行动。

正是这样一轮轮地进行复盘与推广，邵云蛟的社群已拥有超过 8 万名付费用户。

运营社群是一项需要长期积累和坚持的工作，因此第一次推广的效果若不理想并无大碍，重要的是，要坚持复盘，让之后的每一轮推广都更接近完美，从而逐渐吸引到第 1000 位、第 10 000 位铁杆粉丝，最终让社群像一棵参天大树一样壮大起来。

（3）自信、良好的心态，是社群不断壮大的关键。

根据对知识星球上万名群主的观察，我们发现，希望社群获得源源不断的付费用户，群主在推广社群时，都拥有一个最重要的品质，即自信、良好的心态，这样更容易吸引目标用户。群主条形马经实践后，得出如下结论：

> 一旦决定做社群，就要坚定地相信，我做的这件事是好的，是有意义的，是尽我自己最大的努力从用户需求出发的，不仅仅是我拿来变现的，同时也是别人需要的。
>
> 如果没有这样一种"用户很有可能需要我的社群，只是还不知道我的社群有多好而已。"的信念感出现，每次提及自己花心血和精力在运营的社群时，就会觉得自己是在打广告。这种心态，会渗透到自己平时做内容的方方面面，进而在实质上影响社群增长。
>
> 但如果我们是抱着这样的心态——我们是在分享自己打造的作品，而非拿着我们的社群做流量变现；我们是在通过自己的作品创造价值并获得酬劳，而非圈钱和"割韭菜"——将使我们更坦然、坦率地邀请别人付费加入社群，社群就更容易推广成功。

# 社群服务篇

**好口碑增强社群生命力**

我们观察了知识星球里的众多社群，发现大部分群主提供的服务主要分为两类：内容服务和社群活动。内容服务是指提供信息资讯，这是用户交流的"社交货币"。社群活动则涵盖线上和线下两种形式。线上活动旨在提升用户的社群参与度、活跃社群氛围并孵化优质内容；线下活动能够增强用户之间的情感联系，帮助用户拓展人脉，提高社群的品牌声量。

一生不停歇
永远问春天

# 第六章

# 设计内容生产模式，做好社群内容

要想社群能源源不断地产出优质内容，首先需要确定内容的交付模式。目前，大多数社群的内容交付模式可以归结为两类：群主独立分享和多人共建内容。对于群主来说，找到适合自己的交付模式至关重要，这能帮助自己稳定地产出高质量内容。

本章将深入探讨上述两种内容交付模式的特性，并提供有效的优化策略。

486  889

星球大战

## 第一节
### 群主独立分享模式

群主独立分享模式是指，群主是社群里唯一的内容提供者。对于这类社群，群主通常只分享内容，而不组织打卡、线下见面会等社群活动。群主甚至会设定一些限制规则，例如只允许用户阅读和点赞群主发布的文章，禁止用户发帖、评论和提问。

群主剽悍一只猫[1]（读者亲切地称他为猫叔）的社群"个人品牌增值笔记·第一季"是群主独立分享模式的典型代表。猫叔向用户承诺每天在社群分享一篇高质量的文章，全年共计 365 篇，除此之外，社群不提供其他额外服务项目。这样，用户付费加入社群，相当于购买了一个实时更新的专栏，他们的权限是浏览专栏内容和点赞，如图 6-1 所示。

这种交付模式看似简单、轻量，但对群主输出的内容要求却很高。仍以猫叔的社群为例，他在社群分享的主题主要是建设个人品牌的实用方法和简介，这些内容源自他十几年的从业经验和大量的项目实操经历。在没有创建社群之前，

---

[1] 剽悍一只猫，个人品牌顾问，《一年顶十年》作者，在知识星球创建有社群"个人品牌增值笔记·第一季"。

已有很多读者愿意付费向他请教相关问题，而且他们将所学到的方法运用于建设个人品牌，都取得了显著效果。因此，猫叔的社群也因其内容具备独特的价值而持续吸引着新用户加入。

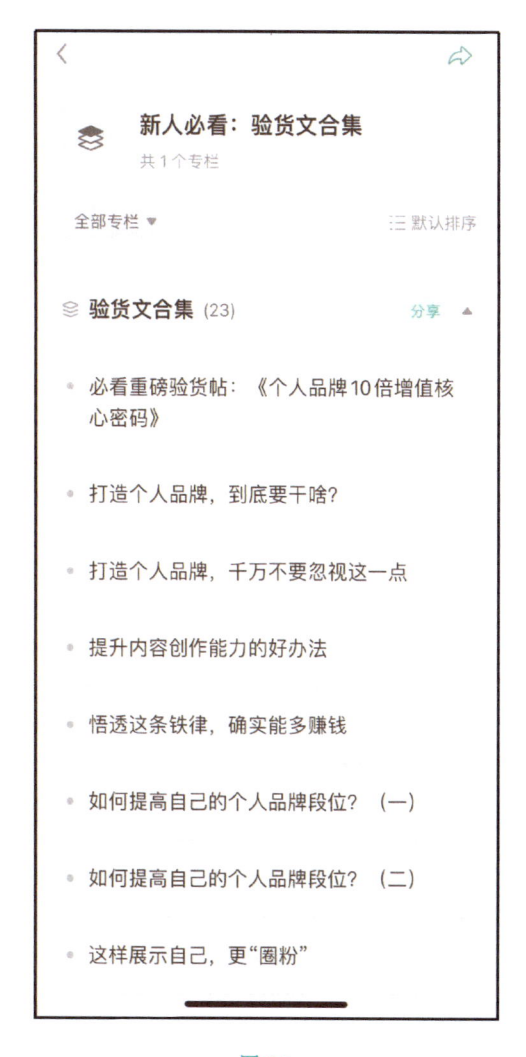

```
新人必看：验货文合集
共 1 个专栏

全部专栏 ▼                    默认排序

验货文合集 (23)              分享  ▲

• 必看重磅验货帖：《个人品牌10倍增值核
  心密码》

• 打造个人品牌，到底要干啥？

• 打造个人品牌，千万不要忽视这一点

• 提升内容创作能力的好办法

• 悟透这条铁律，确实能多赚钱

• 如何提高自己的个人品牌段位？（一）

• 如何提高自己的个人品牌段位？（二）

• 这样展示自己，更"圈粉"
```

图 6-1

采用群主独立分享模式的社群，只有群主一人输出内容，通常也被称为单人分享社群。其特征如下：

（1）仅群主分享内容，用户只能浏览、点赞。这在一定程度上限制了用户之间的互动和交流，但也具有其独特的优势。群主能够自主掌控内容主题、每日文章发布数量、每篇文章的篇幅长度等，这不仅简化了内容生产和分发流程，而且能最大程度地保障社群服务质量和提高交付服务效率。

（2）群主专注于内容输出，无须组织社群活动。群主独立分享社群是一种精简的社群模式，由于无须举办其他社群活动，因此社群也无须雇用运营人员，这无疑降低了社群的运营成本。群主可以专注于提供高质量的内容。

（3）长期积累的优质内容有机会结集成书。在群主独立分享社群，群主的独家见解和经验构成了社群的核心竞争力和优势。这些内容不仅可以在社群服务期间提供给用户阅读，服务期结束后，群主还可以将其整理成一本正式出版物，以扩大影响力。虽然这个过程需要花费一定的时间和精力，但它对个人品牌和社群口碑的提升具有显著效果，可以引导更多人了解和加入社群。

创建群主独立分享社群，群主除了将知识和经验分享给更多的人，同时也可以充分展示个人才华，让更多的人认识、了解并信任自己，从而提升个人影响力。

运营群主独立分享社群，群主需要保持旺盛且持久的创作力。猫叔作为这类社群的群主代表，根据多年的经验总结了一些关于内容创作的心得，希望对每位想做群主独立分享社群的群主有所帮助：

## 第六章 设计内容生产模式，做好社群内容

> 作为一位作者、老师和生意人，我深知不断实践对于创作的重要性。如果你和我一样是一个实干家，那么在项目实践中，可以有意识地不断积累经验和教训，这些都能成为我们在社群创作中的宝贵素材。同时，与学员、客户交流的时候，及时记录咨询过程中产生的创作灵感，也能激发我们写出有价值的内容。
>
> 除此之外，经常和高人聊天。通过和行业内的专家交流，我们能够获得更多的认知优势和有价值的信息，这能帮助我们创作出更新颖的内容。所以，不断实践、与人交流，是我们在社群创作中不可或缺的因素。

如果你想建立一个群主独立分享社群，并渴望构建自己的个人品牌形象，但又担心自己的创作状态的稳定性，不妨参考猫叔的经验。

## 第二节 多人共建内容模式

多人共建内容模式是指，群主与社群会员共同参与内容产出。对于这种模式，社群会员可以自由发帖、点赞、评论和提问，还可以与群主、嘉宾自由互动。例如，社群"生财有术"就采用了这种内容交付模式——当群主或嘉宾发布一则帖子后，社群会员可以在帖子评论区分享自己的观点和经验，如图6-2、图6-3所示，这不仅丰富了社群的内容类型，还提高了社群的活跃度。

采用多人共建内容模式的社群，由多人共同输出内容，通常也被叫作内容共建社群。这类社群也有着属于自己的特点。

（1）**社群会员同时扮演内容接收者和内容贡献者的角色**。与群主独立分享模式的社群不同，在多人共建内容社群里，社群会员不仅可以阅读、点赞、提问和评论其他人的帖子，还能分享自己的观点、经验。社群会员在这类社群中的参与度通常较高，社群的氛围也更为活跃。例如，如图6-4所示，在社群"生财有术"的一个问答帖评论区中，群主或嘉宾解答完社群会员的问题后，其他会员也能在评论区输出自己的观点。

# 第六章　设计内容生产模式，做好社群内容

图 6-2

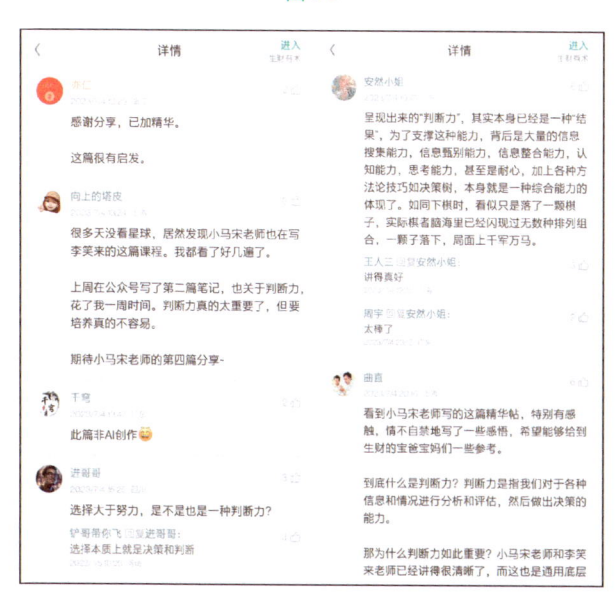

图 6-3

图 6-4

（2）**群主贡献的内容占比较小**。在采用多人共建内容模式的社群中，由于社群会员具有发帖权限，大家输出的内容占比通常超过一半，而群主输出的内容占比相对较小。所以，群主会设计出有效的激励机制，鼓励社群会员积极参与，以便社群能产出多元化内容，同时也能有效缓解群主自身的创作压力。另外，会员间的互动交流和分享也能进一步扩大社群的品牌声量。

以社群"曹将和朋友们"为例，群主曹将设计出四种奖励策略，如图 6-5 所示，以激励会员们积极参与分享和相互交流。借助这种方式，他成功地把社群打造成了一个活力四射、富有创造性的平台。

第六章 设计内容生产模式，做好社群内容

```
【知识星球激励机制】

「曹将和朋友们」知识星球服务于工作五年内的职场人，从2016年运营到现在，已经七年。在这七年时间里，坚持资源和服务持续升级，更重要的是，90%以上的内容，都是星友纯原创的。

与此同时，我们对星球运营的激励机制也进行了精进，增加了一些新的奖励机制，也就是很多星友说的加入星球还可以赚钱，但我们最终的目的都是为了鼓励大家多多发帖，一起精进。

以下是一些细节：

■ 奖励1：加入精华

①获奖人数：不限
②获奖频率：不限
③衡量标准：评估发帖质量，由曹将评价
④获奖金额：每条5元

■ 奖励2：一周之星

①获奖人数：1人
②获奖频率：每周一次
③衡量标准：当周点赞量最多
④获奖内容：15元奖励，并受邀加入「曹将和朋友们精华群」

■ 奖励3：密圈互动TOP3

①获奖人数：3人
②获奖频率：每月两次
③衡量标准：点赞数
④获奖内容：第一名70元；第二名20元；第三名10元，并受邀加入「曹将和朋友们精华群」

■ 奖励4：月度之星

①获奖人数：1人
②获奖频率：一月一次
③衡量标准：综合考虑发帖数量、加精数量和点赞量
④获奖内容：100元奖励，并受邀加入「曹将和朋友们精华群」
```

图 6-5

（3）**具有多样化的内容板块。**为了满足社群会员多元化的输出需求，社群的内容板块较为丰富多彩。以"平民创业手册"社群为例，它拥有九个内容板块，如图 6-6 所示。其中八个板块是和交付与创业相关的实用知识，第九个内容板块"互帮互助"则是为了向社群会员提供合作机会和满足大家的社交需求。

此外，一些以互联网创业为主题的社群，甚至还会设立如"英语角""相亲角"等板块，在社群内为社群会员创造新的社交机会。

（4）**社群会员之间的联系更紧密。**在多人共建内容社群中，社群会员可以通过输出内容结识更多志同道合的朋友。随着会员之间频繁的互动交流，会产生和谐融洽的氛围，会员会更愿意长期在社群中活动。

图 6-6

群主杨涛是一个持续创业者，他在运营自己的社群时发现，允许并鼓励会员自由发帖和彼此交流，可以加强他们之间的联系，这对提升社群的续费率有显著的帮助：

> 我发现会员每在社群中发 1 次帖，他续费的可能性就增加 5%，当他在社群中发了 20 个帖子时，续费率就无限接近百分之百。同理，他的归属感逐渐加强，愿意为社群做宣传的可能性也就增加了。
>
> 就像每天都有上亿人在使用微信 App，是什么让我们每天都打开微信？不是因为它的功能有多出色，更多的是因为我们的关系链都在里面，我们的工作生活都离不开它。
>
> 做社群也是如此，如果让每个会员都尽量认识更多的会员，大家彼此交流、一起学习，形成关系链之后，他们

第六章 设计内容生产模式，做好社群内容

> 就会习惯每天打开社群进行社交。因此，社群采用多人共建内容的交付模式可以增强会员的凝聚力和他们对社群的归属感，对提高社群续费率很有好处。

如果你对某个领域有着深厚的兴趣，并希望与其他同行深度交流和探讨，那么建立一个多人共建内容社群是一种理想的方式，这样可以帮助你聚集一群志趣相投的人，大家在社群内一同创作内容，分享见解和经验，共同创造价值，塑造独特的社群氛围和品牌形象。

随着会员的参与程度越来越深，大家对社群的忠诚度也会逐渐提高，甚至会主动帮助你推广社群，这将为社群的发展壮大带来更多的机会。

需要注意的是，由于在该类社群中，每个社群会员都有发帖的权利，而每个人输出的内容质量有所差异，因此，群主需要有一定的管理和运营经验，并能够制定出清晰合理的社群规则，以保证每位会员都能享受到良好的社群体验。

## 第三节
### 如何选择最适合的交付模式

群主独立分享社群和多人共建内容社群各有优势，群主也都会面临不同的挑战，那么如何找到最适合自己的交付模式呢？

首先，围绕创建社群的初衷思考：希望通过运营社群实现什么目的。如果目的是整合和分享自己的知识与经验，那么群主独立分享社群的模式将更加适合。然而，如果除了知识分享，还希望寻找志同道合的伙伴，并通过互动交流加深彼此的情感联系，那么多人共建内容社群则更合适。群主斯斯的社群就是多人共建内容社群的典型代表之一，她的目的既是想沉淀和打造个人 IP 方法论，又是想增强与铁杆粉丝之间的情感纽带。

其次，还需要考虑投入社群的时间。如果有足够的时间来运营和管理社群，那么可以选择多人共建内容社群，因为运营这类社群的群主需要花费时间与合作伙伴、嘉宾沟通，并回答社群会员的问题等。"生财有术"社群是这类社群模

## 第六章 设计内容生产模式，做好社群内容

式的典型代表。然而，如果时间相对有限，那么单人分享社群的模式就更为适合。

最后，考虑个人对社群氛围的偏好。作为群主，自己的社群氛围偏好会影响社群的发展方向。例如，如果偏好简单纯粹的社群氛围，只希望保留自己的创作内容，那么适合运营单人分享社群，只需专注于内容创作，不需要花费时间与社群会员互动。如果喜欢与社群会员建立密切联系，享受热烈的交流互动氛围，那么多人共建内容社群则更为适合。

需要提醒的是，以上三个因素并不是硬标准，无论选择何种类型的社群，都需要根据自身的实际状况和需求来做决策。而且热爱超越一切，只要有热情，任何困难都只是暂时的。

此外，社群的交付模式并非固定不变，也会随着时间和运营策略的改变而变化。据观察，在实际运营社群的过程中，有的社群之所以能保持群主独立分享的交付模式，是因为群主具备持续积累知识、稳定输出的能力。有些群主独立分享社群随着群主创作状态的调整，以及会员的知识储备量和实战经验的增长，逐渐转变成多人共建内容社群。这种转变不仅反映了社群的发展和进化，也是社群会员共同学习和成长的见证。

社群"门徒圆桌"就经历过这样的转变[1]。最初，这个社群是由群主个人运营和输出内容的。但随着时间推移，社群

---

[1] 对其中的过程感兴趣的朋友，可阅读本章末尾的拓展阅读（九）。

会员积累了更多行业知识和实践方法，也开始积极参与社群讨论和内容创作，于是，"门徒圆桌"逐渐发展成了多人共建内容社群。这种转变丰富了社群内容，还加深了社群会员之间的互动，让这个社群变得更加有活力和有意义。

  如果你是第一次创建社群，无法确定自己应该选择哪种交付模式，那么不妨先创建社群，边运营边调整，最后一定会找到适合自己的方式。毕竟，实践出真知，不断尝试和调整也是学习和进步的过程。

## 第四节

## 设计内容板块，让优质内容自发生长

确定社群的交付模式，只是成为优质社群的第一步。

第二步是设计内容板块，通过精心组织内容板块，可使信息有条理地呈现，可为社群会员提供优质的用户体验。尤其对于多人共建内容社群而言，设置内容板块不仅方便社群会员吸收知识，还能激发大家的参与热情，共同构建丰富的内容生态，同时也能活跃社群氛围，使其充满活力和生机。

本节将为大家详细介绍两类常见的社群内容板块：专业内容板块和生活内容板块。专业内容板块聚焦行业知识及行业案例的深度解析，而生活内容板块则是会员日常生活的点滴分享。本节还将分享如何设计和优化这些板块，我们希望这些策略能帮助每位群主打造出独特且有深度的社群内容。

### 1. 专业内容板块：瞄准社群主题定位

设计社群的内容板块是社群运营的核心环节，其重要性不可忽视。就像指南针指引方向一样，专业的内容板块可以引导群主、合伙人、嘉宾和社群会员从多个角度深入讨论同一主题，为社群的内容提供丰富的多样性，并保持信息呈现得清晰和有条理。

专业内容板块还类似于一个导航工具，可以帮助社群会员自由地探索不同的知识领域，以提升社群成员的专业能力。群主还可以利用专业内容板块作为宣传工具，以扩大社群的影响力和知名度，吸引更多的专业人士和目标用户关注和加入。

专业内容板块如此重要，那么如何设计呢？

一般来说，专业内容板块需要根据社群定位和社群会员的学习需求来设计。专业内容板块主要围绕"知识技能"和"成长历程"两大主题展开，如图 6-7 所示。"知识技能"涵盖社群会员希望获得的专业知识，如行业知识、行业热点、案例方法、实操项目等，这些内容通常由群主、合作伙伴或嘉宾提供。而"成长历程"部分则记录了社群会员在社群中的学习体验和成长轨迹，包括学习经验和方法、学习心得和收获等。这部分内容主要由社群会员自行产出。

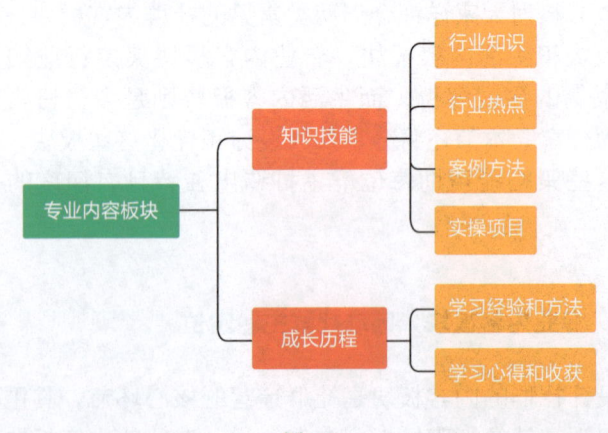

图 6-7

第六章 设计内容生产模式，做好社群内容

以社群"愚公掘金"为例，群主花爷围绕社群定位"帮助他人提高赚钱能力"设计了9个专业内容板块：商业拆解、掘金闲话、热点解毒、100个淘金案例、掘金技巧、副业科普系列、问答、茶馆闲聊、资源对接，如图6-8所示。

图 6-8

前6个板块属于知识技能层面的主题，由群主及运营团队、合伙人、嘉宾负责分享。其中"商业拆解""热点解毒""掘金技巧"板块介绍目前市面上比较热门的副业项目及操作方法；"100个淘金案例"和"副业科普系列"板块介绍常见的副业类型和案例，如图6-9所示；"问答"板块则主要解答会员在实践操作的过程中遇到的问题。而"掘金闲话""茶馆闲聊""资源对接"三个板块由社群会员分享自己在社群里的所思所获，或者寻求合作机会。

图 6-9

一旦专业内容板块设计完成，群主、合作伙伴、嘉宾和社群会员便能各自发挥作用，在感兴趣的板块中与志同道合的伙伴展开交流，建立更紧密的联系和合作关系。通过这样的互动，社群能够真正成为一个知识分享和交流的平台，为会员的个人成长和职业发展提供更多机会和资源。

### 2. 生活内容板块：抓住会员小众需求

除了专业内容板块，生活内容板块也是社群内容板块的构成部分。尽管该板块并非必需，但它的存在为社群内容增添了丰富性，注入了人情味，对于加强会员之间的互动和增进社群凝聚力都有益处。

生活内容板块不必严格围绕社群定位设计，而是以满足会员在交友、兴趣爱好、谈论社会时事和共享人生经历等方面的需求为导向的。所以，生活内容板块通常分为"人生面向"和"社会时事"两个主题。"人生面向"主要涵盖人际关系、职场故事、兴趣爱好等主题，而"社会时事"则集中讨论热点事件、节日话题和明星八卦等话题，如图 6-10 所示。

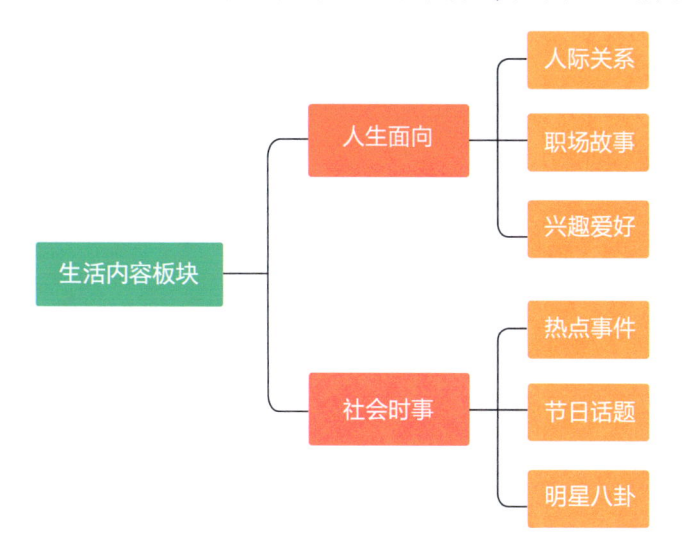

```
生活内容板块 ─┬─ 人生面向 ─┬─ 人际关系
              │            ├─ 职场故事
              │            └─ 兴趣爱好
              └─ 社会时事 ─┬─ 热点事件
                           ├─ 节日话题
                           └─ 明星八卦
```

图 6-10

以"熊猫法律星球"社群为例，其定位为"构建一个融合资料共享、实务交流的法律专业人士的知识社交平台"。围绕社群定位，群主构建了与法律实务相关的专业内容板块，考虑到部分会员的其他兴趣爱好，又特意创建了生活内容板块"书影推荐"。在这里，热爱阅读和电影的社群会员可以自由地推荐或寻找他们喜爱的书籍和电影。

再比如，"王盐的问答社区"社群旨在打造一个让职场人实现平等自由交流和共同成长的社群。2022 年，群主王盐设计了与社群定位相符的专业内容板块，同时还新增了诸如"运动健身与个人健康""购物消费体验分享"等生活内容板块，如图 6-11 所示。对这些主题有兴趣的社群会员可以点击进入对应板块，深入讨论和交流，从而有效地活跃了社群氛围。

图 6-11

值得一提的是，知识星球里的很多群主在设计生活内容板块时并不局限于以上范畴，而是单纯从分享欲的角度设计。例如群主杨涛是这么做的：

> 我认为分享欲和"好为人师"是人们血液深处的自我实现，在设计生活内容板块的时候只要抓住这个心理特征，社群的气氛就会热烈起来，会员之间也会渐渐熟悉。所以，我设计了"教我做事""吐槽大会"之类的生活内容板块，分享门槛很低，能让会员把自己心里的一些想法说出来或者让大家给我的社群提意见，这很好地提高了社群活跃度。

## 3. 迭代内容板块：捕捉会员的需求变化

社群的内容板块不应被视为静态的和固定的。仅以多人共建内容社群为例，当社群在初创时，许多会员不具备输出高质量内容的能力，或者并没有太多学习心得可以分享。此时，大部分内容往往由群主、合伙人和嘉宾贡献，而内容板块的数量也可能只有 3~5 个。随着社群会员数量的增加，大家的知识和经验逐渐丰富，输出能力也日益增强，越来越多的会员愿意分享自己的思考，同时也可能会产生其他需求。

在这种情况下，群主若能灵活调整内容板块，并引导激励会员交流与分享，不仅能提供优质内容，还能活跃社群氛围，满足会员日益多样化的需求。

群主鉴锋的社群"每日运营案例库"就经历过这样的过程：

> 2017 年社群刚创建时，我和团队负责输出专业内容板块的内容，包括运营案例、实战技巧和经验方法。会员也可以在生活内容板块下发帖，但内容质量参差不齐。后来随着公司发展，我和团队用于运营社群的时间比之前少了一大半，不得不减缓分享节奏。而此时，社群生活内容板块的内容明显有超过专业内容板块内容的趋势。为了防止这一趋势扩大，从 2019 年开始，我和团队开始重新打造社群的内容板块，希望找到更具持续性且高效的内容共建模式。
>
> 首先，我们在知识星球上找到一些活跃度高的社群，重点拆解了其中有明确内容运营规则的社群，然后从它们的内容运营机制中提炼出可借鉴的经验和方法，最后结合自身的社群定位和目前社群内的内容输出情况重新

> 设计了 7 个内容板块：案例拆解、增长玩法、运营技巧、实操经验、文案金句、运营心理学、个人思考。其中"案例拆解"是 2019 年之前的内容板块之一，因为与社群定位紧密相连，一直保留至今。其他 6 个内容板块则随着会员需求和运营行业发展不断迭代。到目前为止，社群的内容板块已经和 2017 年、2019 年大不相同，分别是案例拆解、私域流量、增长玩法、实操复盘、工具推荐、观点碰撞、问题求助、摸鱼区。

鉴锋的分享清晰地展现了会员需求的变化是迭代内容板块的关键参照。那么，如何有效地捕捉会员需求的变化呢？

首先，群主在引导会员共同创作内容的同时，可以定期复盘并分析各个内容板块下的参与人数、阅读量、点赞量和评论量。这些数据能帮助群主从量化的角度判断会员对各个内容板块的接受度和喜好程度。其次，群主需要经常与会员沟通，倾听他们的心声，深挖他们的真实需求。通过直接的交流和了解，准确地发现内容板块设计的可优化之处，从而及时调整并扩展出更受欢迎且更有实用价值的内容板块。

群主鉴锋认为：

> 我们看到，目前市场上很多人在运营社群时，都希望事先制定好内容板块后不再改动，付费加入社群的会员能在社群里自由地交流、输出内容，然后让社群马上像一个良好的生态环境那样运作起来，而这么做的社群绝大多数走向了衰败。
>
> 为什么？理由很简单，没有一个产品的规则制定者可以高高在上地俯瞰一切，失去了用户视角，那还谈何运营呢？因此，群主在设计好内容板块后，要记得从用户的角度进行迭代，这样社群内容才能不断焕发生机。

第六章 设计内容生产模式，做好社群内容

群主在思考如何设计和迭代内容板块时，可能会遇到一个困惑：社群应该设置多少个内容板块才算合适？这是一个非常重要的问题，因为社群初期的付费会员可能只有数百人，如果内容板块太多，且主要由群主负责内容输出，这将是一项繁重且难以完成的任务。即便群主、合伙人、嘉宾和会员共同输出内容，也可能难以为每个板块提供足够的内容产量，这样做将无法有效突出社群的价值。

因此，内容板块的迭代应该包括对板块数量的调整。一般来说，在社群刚刚创建时，设计 1~3 个内容板块已经足够。随着社群的持续发展和付费人数的增加，可以逐渐增加板块数量。在这方面，群主杨涛拥有丰富的经验：

> 内容板块的数量最好以会员人数为依据进行设置，付费会员达到 5000 人时可以设计 10 个内容板块。之后每增加 1000 人多 1 个内容板块，但是专业内容板块始终保持 10 个，多出来的生活内容板块是为了尽量满足会员的小众需求，比如创业类社群里的生活内容板块：相亲内容板块、英语角，都是很好的尝试。

社群创造更多优质的内容，能增强会员的满足感和荣誉感。这样的社群往往通过口碑效应传播，吸引更多的付费会员加入。因此，许多群主会将社群内的优质内容作为推广素材，以吸引目标会员加入。群主阿猫[1]使用自己的公众号设立了"问答分享"的文章专辑，以推广社群和展示会员共创的精彩问答内容。这种做法既能让老读者了解社群的价值和交流氛围，又能吸引新读者加入社群，如图 6-12 所示。

---

[1] 阿猫，公众号"阿猫读书"创始人，在知识星球创建有社群"觉醒创富社"。

图 6-12

知识星球里还有一位群主，通过此类方法在一年内获得了五十万名公众号读者的关注。他是如何做的呢？他每周定期整理和汇总社群产出的新内容，然后运用互联网工具筛选出高频关键词，再利用关键词找到社群会员关注的热门话题，并向相关会员申请授权后，将这些热门话题整理成文章发表在公众号上，借此吸引了很多潜在目标会员的关注。通过这种方式，他的公众号读者数量一年内从十几万涨到了几百万，社群付费人数也随之逐步增长，他也从职场人变成了一名互联网创业者。

因此，当你在推广社群时，如果因创作瓶颈而无法写出令自己满意的社群广告，不妨尝试这种方法。它可能会给你的社群运营之旅带来令人惊喜的结果。

## *拓展阅读（九）

### 从"单人分享社群"到"内容共建社群"的转变

社群规模和活跃度，与社群内容分享模式有关。想清楚对社群业务的期待，比如社群里哪个群体是发布内容的主体，从一开始就设计好内容发布的模式和机制，有助于社群按照预期运行。扫描图 6-13 所示的二维码可了解更多相关内容。

图 6-13

# 第七章

## 挖掘多元活动，激发会员热情

社群不仅是知识与见闻的聚集地，还是人与人情感连接的纽带。除了输出优质的内容，许多群主还会通过举办各种主题活动，助力会员提升技能和扩展社交圈子。

最常见的社群活动分为线上活动和线下活动。在本章，我们将详细解读它们各自的运营方法。希望每一位群主都能通过了解不同活动的独特魅力与价值，找到适合自己社群的活动形式。

## 第一节
### 两种经典的线上活动

线上活动是一种无须线下场地，只借助网络即可发起的活动形式。这类活动能激发会员学习与交流的积极性，并孵化出优质的社群内容。同时，线上活动还能帮助会员增进对彼此的了解，活跃社群气氛。

线上活动主要有两种形式：打卡活动和话题讨论。打卡活动即在设定的时间段内，会员每天在社群中围绕某个主题发帖，而话题讨论则是会员围绕特定话题进行短期内的互动交流。

那么，我们该如何设计一场富有成效的打卡活动或话题讨论呢？

#### 1. 打卡活动：引领会员获得专业性成长

好的打卡活动，能引领会员获得专业性成长，也能够调动会员分享欲，为社群产出海量内容。例如，群主阿猫通过发起"写作打卡"活动获得35万条主题帖，会员也因此提升了思考能力，还养成了每天写作、阅读、思考的习惯。

他是如何做到的呢？

最重要的是明确打卡主题和制定打卡规则。

### 1）明确打卡主题

如果群主希望通过打卡活动达成某个目标，首先需要围绕目标确定打卡活动主题。通常，打卡活动的目标主要有三种：提升会员某项技能、帮助会员相互认识，或者帮助会员养成某个好习惯。

（1）目标之一：提升会员某项能力。这项能力通常与社群定位密切相关。群主利兄曾发起过旨在提升会员PPT设计能力的打卡活动，"PPT美颜计划"，其目标恰恰也是他的社群的定位。参加这个活动的会员需要每周运用学到的技巧设计一份PPT，并分享到社群。利兄会对每一份PPT作业进行详细点评，指出优点和可改进之处，并提供优化建议，以帮助会员提高PPT设计能力。

（2）目标之二：帮助会员相互认识。群主安夏[1]在她的社群"心理老师成长联盟"中发起了一个打卡活动，主题叫作"新人7天打卡"。这个活动要求参与的会员每人发布一则自我介绍的帖子，让其他会员可以更好地了解他们。

（3）目标之三：帮助会员养成某个好习惯。可以参照群主阿猫的做法。他的打卡活动主题是"100天写作打卡"，旨在培养会员的写作习惯。参加活动的会员需要每天在社群内分享一篇原创文章。阿猫在确定打卡主题时的思考过程如下：

---

[1] 安夏，10年+互联网保险从业经验，3年+心理行业知识付费经验，在知识星球创建有社群"心理老师成长联盟"。

> 群主希望会员养成哪种习惯，就以哪种习惯为基准设计打卡活动的主题。像我反思自身的经历，认为自己是记性比较差的人，但通过写作记住了很多事，还学会了解决很多问题。我发自内心地认为，写作对于一个人的成长十分重要。此外，从周围的世界里，我观察到一个现象：很多人读过很多书，知道很多道理，却仍然没有过好自己的生活。费曼学习法告诉我，原因就在于很多人"只读不写"。
>
> 我不希望我的会员成为那样的人，所以我发起了写作打卡活动，希望借此帮助会员养成坚持写作的习惯；希望他们从中了解到写作本身就是梳理问题的过程，在写作的过程中将自己遇到的问题想清楚，然后解决生活中的大部分问题；希望通过写作，他们可以让自己的生活变得越来越好。

类似利兄、安夏和阿猫这样为了不同目标而发起打卡活动的群主还有很多。为了更全面地理解打卡活动的目标与主题之间的联系，我们提供了一些案例供参考，如表 7-1 所示。

### 2）制定打卡规则

制定打卡规则是打卡活动的第二步。规则的细节包括打卡的天数、要求和奖励。制定这些规则的目的是使参与者清楚地了解他们需要完成的任务及他们可以获得的奖励，从而激励他们积极参与。下面，我们将详细介绍如何制定这些打卡规则。

表 7-1

| 打卡活动案例 |||
|---|---|---|
| 打卡活动的目标 | 社群名称 | 案例 |
| 帮助会员提高Excel使用技巧 | Excel进化岛 | 打卡名称：学习动态数组函数<br>打卡要求：用动态数组函数重写Excel示例的一些复杂的数据呈现效果，坚持90天 |
| 复盘每日在社群内学习的运营知识 | 运营圆桌会 | 打卡名称：21天《私域操盘手知识清单手册》读书会<br>打卡要求：每日用200字记录在社群学习的知识模块，并对所学知识进行归纳反思，坚持21天 |
| 帮助会员养成某种习惯 | 曹将和朋友们 | 打卡目标：养成写作的习惯<br>打卡名称：今天的小收获2.0<br>打卡要求：分享今日收获，字数尽量控制在100字以内，坚持21天 |
| | 死磕Elasticsearch | 打卡目标：养成每日运动的习惯<br>打卡名称：Elastic星球运动打卡群<br>打卡要求：每天分享自己的运动记录，运动类型不限，坚持300天 |
| 增进会员相互了解，拉近会员和群主距离 | 海边的西塞罗 | 打卡名称：常来跟西塞罗聊聊<br>打卡要求：分享每日生活感悟或想对群主说的话，坚持30天 |

### （1）打卡天数

打卡活动可以类比成一场马拉松比赛，参赛者需要明确比赛的全程距离，才能判断自己是否有能力参赛，并且随时调整心态和节奏，坚持到终点。因此，在打卡活动开始之前，明确打卡的天数是非常重要的。

根据美国行为心理学家威廉·詹姆斯的观点："形成或改变一个习惯只需要21天。"这也是许多打卡活动设置为21天的原因，尤其是针对培养某种习惯的打卡活动。知识星球社群的数据显示，21天的时长在所有打卡活动中占据了最高比例，如表7-2所示。

表 7-2[1]

| 知识星球社群打卡数据 ||
| --- | --- |
| 每期打卡天数（天） | 社群数量占比（%） |
| 21 | 21.56% |
| 90~180 | 15.62% |
| <7 | 13.96% |
| 7~14 | 6.86% |
| 30~60 | 6.41% |

然而，群主阿猫指出，这个原则只适用于短期内可以形成的习惯，例如，养成每天早上 6 点起床的习惯。对于需要长期坚持的习惯，例如写作或阅读，可能需要更长的时间来培养，所以通常要求会员至少连续打卡 50 天、80 天甚至 100 天以上。同样，这也适用于以"帮助会员提高某项能力"为目标的打卡活动。因此，群主需要根据活动目标来设定打卡活动天数，以达到预期效果。

（2）打卡要求

打卡要求是指在打卡活动期间，会员需要完成的任务。群主阿猫认为，打卡要求应尽可能符合以下三个原则，这样才能激发会员的参与兴趣。

- 要求简单。打卡活动的要求应尽可能简单，降低门槛，以最大限度地激发会员的行动力。例如，阿猫在发起"100 天写作打卡"活动时没有限制写作的方向，会员可以分享生活日记、书评、影评，也可以分享专业的干货文章。与限定主题的写作打卡活动相比，此举降低了参与的门槛。

---

[1] 按比例从高到低排列。

- 规则具体。打卡规则应具体清晰，让会员明确了解什么程度的完成才算打卡成功。模糊的规则容易引起歧义，增加解释的复杂性，并可能导致会员拖延行动。例如，阿猫规定每个会员每天至少需要输出100字。阿猫表示这个规定源自他个人的经验：

> 我是一个做事情很慢的人，每天只能做一点点，但只要坚持下去就能做成。比如我学游泳和骑单车，每天只能坚持练习一小会儿，但只要坚持，最后都学会了。所以，这个写作要求复用了我的学习经验。另外，考虑到人们能做一件事的时间有限，如果打卡要求又多又繁杂，会员理解要求就要花相当长的时间，这会打击会员打卡的信心。
>
> 而且，只要明确要求，人们就很难再为拖延找借口。所以，100字，是一个只需要大家稍微坚持一下就能达到的目标，也能最大限度减少"坚持"带来的痛苦。

- 互惠。在阿猫刚开始发起"100天写作打卡"活动时，曾有会员提出疑问，认为每天在社群中分享内容虽然有助于锻炼写作能力，但似乎更像是为社群提供内容输出的一种"打工"行为。阿猫对此进行了换位思考，并认为这种观点是有道理的。为了感谢那些为社群带来多样化内容并活跃社群气氛的会员，他决定并承诺将门票费用退还给完成"100天写作打卡"活动的参与者。

从以上三个原则思考后，阿猫的"100天写作打卡"活动的最终打卡要求如下：

> 参加活动的会员每天要在社群内分享 100 字及以上的原创内容，内容主题不限，坚持 100 天（期间有三次请假机会）。如果能够按时完成，群主将退还门票费。

### （3）打卡奖励

打卡奖励是指会员在完成打卡活动后所能获得的奖励，旨在激发会员保持打卡的积极性。打卡奖励分为物质奖励和精神奖励两种类型。物质奖励包括电子产品、学习工具、现金红包等实质性的奖励；而精神奖励则指的是通过给予会员荣誉感来进行奖励，如群主为优秀会员颁发荣誉证书、奖杯，或邀请会员加入 VIP 群等。

奖励标准是会员在参加打卡活动期间，任务完成度达到某个标准。

群主利兄发起了打卡活动"PPT 美颜计划"，打卡奖励为现金红包，奖励标准分为三个等级：第一名可获得 100 元红包，第二名可获得 50 元，第三名可获得 30 元。其中，第一名、第二名和第三名的评选分为两个步骤：第一步，群主利兄每周按照一个标准海选出部分优秀作品；第二步，请全体会员为这些优秀作品投票点赞，按点赞数评出第一名、第二名、第三名。

此外，如果一个会员连续三周获得第一名，将晋升为社群嘉宾，并加入优秀会员专属的"PPT 定制小组"。在该小组中，群主会不定期发布"PPT 定制"订单，每笔订单的收入平均达到几千元。小组会员可以通过接受这些订单来获得实实在在的现金收益。

关于设置打卡奖励，还有一个技巧可供参考。在首次发起打卡活动时，可以适度降低奖励标准，同时增加奖品的吸引力，以增强会员参与活动的动力和信心。

### 3）如何避免打卡活动中的"坑"

首次组织打卡活动的社群，可能会在初次尝试时遇到一些"陷阱"，给社群运营带来不必要的困扰。那么，如何避免这种情况呢？

首先，有效的内容管理至关重要。在打卡活动开始后，随着参与者数量的增加和时间的推移，社群中会涌现出大量主题帖。如果没有进行良好的主题分类，社群的内容生态可能会变得混乱，影响大家的阅读体验。因此，建议在打卡活动中妥善对内容进行分类，并尽可能地将优质内容展示在社群首页，使内容呈现有序且丰富。例如，社群群主阿猫每次组织打卡活动后，都会利用知识星球平台的"标签"功能，将优质的主题帖推荐至社群首页，同时隐藏质量不高的帖子。

其次，打卡活动需要具有挑战性。阿猫发现，许多会员在完成第一期"100天写作打卡"活动后，如果下一期活动规则没有变化，就会失去继续参与的兴趣。因此，活动应当同时具备奖励和挑战性，以持续吸引会员参与。

再次，社群应明确禁止作弊行为。例如，阿猫在打卡规则里明确禁止抄袭行为。这不仅是对其他会员的尊重，也是对知识的尊重。尽管明令禁止后仍可能出现此类行为，但这样做至少可以让会员之间互相监督，最大限度地保障活动的公平性。

最后，给予奖励的同时要保证社群的收益。对于刚创办的社群而言，会员支付的门票费用是社群唯一的收入来源。若打卡活动的奖励为物质奖励，那么社群最终的收益还要扣除这部分支出。为了确保社群能稳步前进，在设置打卡奖励时不仅要考虑会员的参与意愿，还要保证社群的收益。

假设某社群的打卡活动奖励是全额返还门票费，活动规定参与者需打卡 20 天，然而预估 20 天内加入社群的新会员人数没有完成打卡活动的人数多，那么打卡活动可能是一个消耗社群收入的活动。这时，若打卡活动仍在报名阶段，还未公布打卡规则，群主可以通过多种渠道积极宣传该打卡活动，努力邀请更多会员参加，同时延长打卡活动时间或减少预计奖励的支出。若打卡活动已经开始，群主鱼堂主[1]认为，可以保持原有规则不变，但停止招新，已报名的会员可以继续参与活动直至活动结束。在下一次打卡活动中，可以对打卡天数或奖励进行调整，以优化活动效果。

如果群主面对的情况是社群打卡奖励的现金成本较低，但报名参加的人数并未达到预期，或者会员的打卡积极性较低，群主易洋[2]及其运营团队建议，在不计较成本得失的前提下，可以直接为所有已参加的会员兑现奖励，并随后开启全新的打卡活动。

基于以上建议，为了确保圆满完成一个打卡活动，建议在开启活动之前，尝试先邀请少部分会员参与，以获得反馈并找出需要完善的环节。随后，根据反馈调整打卡规则，并在最后发起一次大规模的打卡活动。

### 2. 话题讨论：促进会员之间的交流与互动

话题讨论是社群管理员引导会员互动和交流的一种策略，通过在短时间内激发会员之间的交流频次，提高社群的活跃度。举例来说，"谈谈移民那些事"社群此前发起了一

---

1 鱼堂主，职业读书人，《智识升级》作者，觉醒者品牌创始人之一。
2 易洋，腾讯 TVP 专家，360 前技术总监，在知识星球创建有社群"AI 破局俱乐部"。

场关于"你喜欢哪个国家"的话题讨论,并邀请会员分享他们喜爱该国家的理由。这一活动吸引了上百位会员参与讨论和点赞,大幅提升了社群活力。

需要注意的是,话题讨论与打卡活动是有所不同的。打卡活动通常有时间限制,而话题讨论的时间相对灵活。那么,如何成功地策划一场话题讨论呢?吸引人的主题和明确的规则都是不可或缺的要素。

**1)两种常见的主题类型**

话题讨论一般可分为两种常见的主题类型:围绕社群定位设计的主题和围绕社会热点事件、节日等设计的主题。

第一种主题的话题讨论旨在帮助会员增长见识和丰富行业经验,同时加深彼此的了解和情感联系。想组织这类话题讨论的群主在发起活动之前,要先明确两个问题:话题讨论的目的是什么,以及希望会员从中得到什么。

在回答这两个问题时,可以结合社群的定位和目标来找到答案。举例来说,群主李孟潮[1]每月初都会组织一次名为"月度阅读总结"的话题讨论,如图 7-1 所示。活动邀请会员分享他们在过去一个月内看过的心理学类图书、电影,以及从中得到的收获和心得。通过这样的讨论,会员可以尽情交流,分享彼此的感悟,碰撞思想。

社群"曹将和朋友们"的话题讨论也是紧密围绕其社群定位"面对工作五年内的职场青年,专注经验分享与效率提升"展开的。群主曹将在这个定位的基础上,针对工作五年内职场人经常遇到的问题,挖掘出了许多可供讨论的话题,例如:

---

[1] 李孟潮,心理学博士,在知识星球创建有社群"惟精惟一心理读书"。

## 第七章 挖掘多元活动，激发会员热情

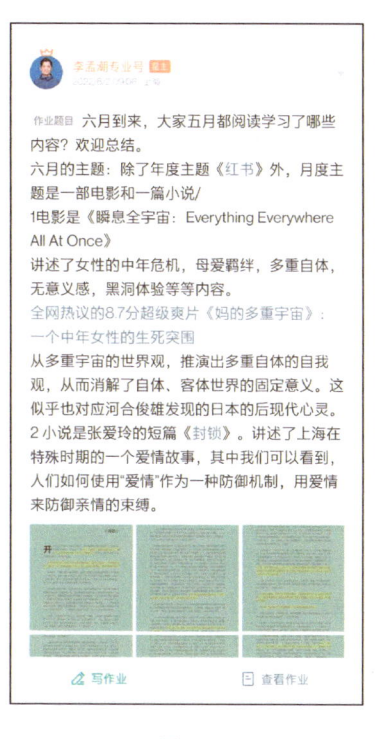

图 7-1

年底做个人总结，你会从哪些维度展开？

即使和领导再熟，也要注意哪些话别说？

同事的哪些行为，让你下定决心不再和他打交道？

  第二种话题讨论的主题通常围绕社会热点事件、节日等展开。这类话题与社群定位无关，适用于各种类型的社群，它有助于会员之间建立情感联系，有时还能产出意想不到的优质内容。

  以曹将的社群为例，他在 2022 年"双十一"购物节前夕发起了一场主题为"今年'双十一'，你准备买什么"的话

题讨论。许多会员积极参与讨论和点赞，还被"种草"了许多性价比高的生活物品，整个社群氛围非常热烈。同时，这个活动还沉淀下来许多可用于推广社群的优质内容素材。

需要注意的是，群主在发起第二种话题讨论时，讨论时间宜短不宜长，这是因为社会热点和新闻时事通常具有时效性，一旦时效性减弱，会员的兴趣也会相应下降。

**2）制定话题讨论规则的三个技巧**

群主发起话题讨论同样需要制定一系列规则，清晰的规则能够降低会员参与讨论的门槛。根据对知识星球里大量社群的观察，具有诱惑力、规则简单和具有引导性，是制定话题讨论规则的三个小技巧，通常能够吸引会员参加。诱惑力指会员参与讨论能够获得的奖品或回报。规则简单是指规则要简单易懂，不会产生歧义。具有引导性，是指群主可以举例说明话题讨论的方式，并提供参考资料或示例，以帮助会员理解本期讨论的主题和要求。

举个例子，社群"旁友圈「PPT 学习」"曾举办过一期话题讨论，主题是"分享自己设计的商务风 PPT"。首先，从"具有诱惑力"的角度考虑，群主邵云蛟在规则中明确说明，个人作品获得超过 45 个点赞的会员将有机会获得奖励。图 7-2 中公布了前两名的奖品，第一名将获得 PPT 定制设计费用，第二名将获得一本《PPT 设计思维》图书。其次，从"规则简单"的角度考虑，邵云蛟在规则中详细说明了分享作品的要求和提交作品的方式，如图 7-3 所示，这样的规则设置能够保证规则的明确性和易理解性。最后，根据"具有引导性"的原则，邵云蛟在规则中还提供了一组商务风的 PPT 作品，以帮助会员更好地理解本期分享作品的风格要求。这样的引导和参考资料可以为会员提供更明确的方向和理念。

## 第七章 挖掘多元活动，激发会员热情

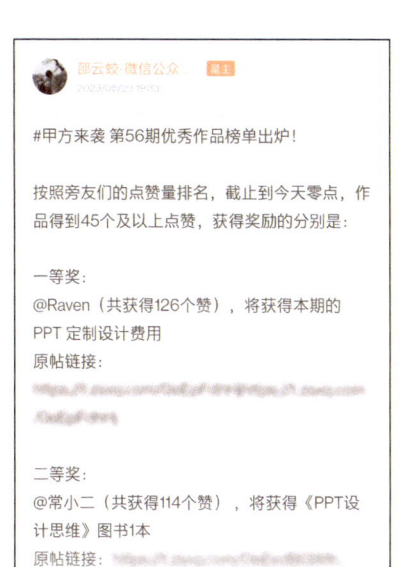

图 7-2

图 7-3

177

### 3）举办话题讨论时容易踩中的"坑"

和打卡活动一样，群主在发起话题讨论时，也需要警惕一些容易踩中的"坑"，以确保活动顺利进行，并为社群的服务体验加分。那么，我们应该注意哪些问题呢？

首先，避免触犯平台的风控规定。某些社会热议话题可能涉及敏感内容或违反平台规定，如黑灰产领域的讨论或金融投资领域的荐股话题。群主应避免在社群内展开此类讨论，以免被平台管控导致会员无法成功发帖。

其次，避开"假大空"的问题，多提具有"场景感"的话题，以增加会员参与讨论的兴趣。例如，可以提出类似"在面临团队会员流失且无法增员的情况下，如何保证现有团队的正常运转？"这样的问题，它们会激发会员思考和参与讨论。就像群主曹将所说：

> 在某个场景下的问题，大多数人都会遇到并且有解决的经历，有经历就有回答的欲望。而且，会员在回答问题的同时也是在总结自己的处理方法，方法输出之后他们可能还会分享给其他人，这样话题就得到了传播。

对于初次发起话题讨论的群主来说，选择一个具体的讨论话题可能是一项挑战。为了避免提出的话题过于平庸或陷入创意枯竭的困境，群主需要日常留意并观察会员的兴趣和喜好，同时实时关注社会动态，积累一些优秀的话题素材。这样，即使遇到灵感瓶颈，群主也能够想出具有传播力且受到大众欢迎的话题。

例如，群主可以通过与会员的日常交流了解他们的兴趣点、关心的问题或者遇到的挑战，这些都可以成为有意义的讨论话题。此外，社会热门事件和流行趋势也能够转化为社群内的讨论话题，从而吸引会员的广泛参与。

总的来说，激发新的话题讨论不仅需要对社群会员和社会情境有深入了解，还需要充足的想象力和创造力。只要群主用心观察和思考，就能够找到许多有趣且具有吸引力的话题，为社群的交流氛围注入新的活力。

最后，应该避免同时发起多个话题讨论。虽然多个话题可能会引发不同会员的参与热情，但也容易分散会员的注意力，使得社群无法形成热烈、集中的讨论氛围。

无论是打卡活动还是话题讨论，群主都可以将优质的活动成果作为社群推广的素材，以吸引更多新会员的加入。例如，群主曹将会将每次的话题讨论内容整理成 PDF 文档，供社群会员阅读和分享。他还会从讨论中精选出高质量内容，整理成《职场打怪升级指南》小册子。这些内容不仅可以作为社群会员的福利，还可以作为吸引目标会员加入社群的有力工具。

### 3. 其他小众线上活动

除了打卡活动和话题讨论，有些社群还会发起"会员日抽奖"和"共读营"活动。"会员日抽奖"是群主为回馈会员而发起的活动，通常在每年社群的"破壳日"[1]举办。比如社群"AI 绘画师日记"在 2017 年 3 月 23 日创建，群主 Sky 会在每年 3 月 23 日发起会员日抽奖活动。

---

[1] 破壳日，即社群创建的日期，通常指某月某日，不包括年份。

共读营是指由群主或社群的运营团队带领会员边学习边输出的学习活动，它能够创造沉浸式的学习氛围，同时帮助大量会员在短时间内快速进步。例如，曾有群主在一年时间内成功举办了 22 场主题为"星主每月领读一本好书"的共读营活动，通过参与这些共读营的活动，社群的会员们能够互相学习，提高思维能力，并从中获得成长。

根据某些群主的经验，举办一场共读营活动所需的精力投入远超打卡活动和话题讨论。因此，只有那些全职运营社群或拥有一支专门运营团队的社群才会考虑发起此类活动。除此之外，还存在一类具有明确目标的实践活动，通过让会员参与具体的实践项目来提高能力，并获得实质性成果。这些成果可以是现金收益、一个成功启动的自媒体账号，或者是一份宝贵的创业经验。为了确保活动顺利进行，这类活动通常会有指导教练和志愿者提供陪伴指导，专门解答会员在实践过程中遇到的问题，并为会员提供实践意见，直至活动结束。

"生财有术"社群经常举办这类活动，他们称之为"航海活动"。图 7-4 展示了"生财有术"

图 7-4

社群航海活动的相关介绍，该活动每年大约举办 6 期，每两个月一期，每期活动提供超过 20 种主题实践项目供会员自由选择。参与者自愿报名参加，并选择自己感兴趣的项目，同时需缴纳一笔保证金。一旦缴纳保证金，参与者便可以跟随教练开始实践项目。

　　从"生财有术"的航海活动介绍中可以看出，这类活动的投入成本较共读营活动更高，因此更适合那些人力和财力充裕的社群来举办。

## 第二节　最受欢迎的线下活动

线下活动提供了一种独特的机会，使会员们可以在线下实现信息的交流和情感的联系，这是社群举办线下活动的重要意义所在。

根据知识星球群主反馈，最常见且最受欢迎的社群线下活动是见面会。见面会能让会员真实地感受到社群的热情，缩短群主与会员、会员与会员之间的距离，强化社群的向心力和凝聚力。

此外，线下活动对提高社群的续费率也非常有益。一些群主曾经统计过线下见面会活动对续费人数的影响，发现参加线下活动的会员在活动结束后选择续费的比例高达80%。例如，如果共有3000人参加线下见面会，那么在活动结束后，可能会有2400人选择续费。

那么，如何办好一场线下见面会呢？

**1. 线下见面会的类型**

线下见面会通常分为两种类型：同城见面会和全国见面

会。同城见面会，顾名思义，是在一个城市举办的，该城市和邻近城市的社群会员都会参加的聚会；全国见面会，则会吸引来自不同城市的社群会员参加，其规模通常更大。

见面会的主题也可分为两类：一类是以交友和合作为目的的，这类活动为大家提供了建立人脉、寻找商业合作机会的平台。例如，群主 Sky 在过去的 6 年里，以"让社群里的每个人都认识每个人"为目标，成功举办了多场以交友合作为主题的同城见面会。另一类是以交流知识和经验为目的的，这类活动能够帮助大家提升专业能力，了解所在领域的最新动态。如"生财有术"社群举办的全国见面会，为参与者提供了获取最新互联网创业策略和分享创业经验的平台，有助于成员扩充知识面和提升技能水平。这两类见面会不仅能发挥其各自的功能，还有助于拉近会员之间的距离，加深彼此的情感联系。

在选择线下见面会类型时，除了明确见面会的目标和作用，还要充分考虑投入成本。投入成本涵盖举办见面会所需的各项费用，包括场地租赁费、食宿费、餐饮费、物料费、差旅费等各项支出。

表 7-3 展示了各类线下见面会的作用、投入成本及特点，希望能帮助大家选择适合自己社群的线下活动类型。值得注意的是，一场见面会并非只能达成一个目标，还可以设计多个环节使其同时达成多个目标。然而，需要注意的是，随着活动环节的增加，相应的投入成本也会随之增加。例如，"生财有术"社群举办的全国见面会既有建立人脉的环节，也有知识和经验交流的环节，所以其投入成本相对于只具备单一功能的活动来说会更高。

表 7-3

不同类型的线下见面会

| 线下见面会类型 | 活动作用 | 投入成本（单场） | 特点 |
|---|---|---|---|
| 全国见面会（以交友合作为主题） | 为会员提供链接资源的机会 | 相对较高 | 规模较大，氛围更热烈，通常一年举办一次 |
| 全国见面会（以交流知识和经验为主题） | 帮会员提升专业能力 | 相对较高 | |
| 同城见面会（以交友合作为主题） | 为会员提供链接资源的机会 | 相对较低 | 规模较小，单场成本较低，氛围更亲密，一年可举办多次 |
| 同城见面会（以交流知识和经验为主题） | 帮会员提升专业能力 | 相对较低 | |

### 2. 线下见面会的流程

线下见面会涉及很多突发情况和不确定因素，因此一般至少需要提前一个月做准备。准备流程可分为三个步骤：确定活动时间和地点、组建活动团队、制订活动计划。下面以社群"AI 绘画师日记"的同城见面会为例，详细介绍各个步骤的准备工作及如何完成所有流程。

#### 1）确定活动时间和地点

为了给活动准备留出充足的时间，线下见面会的时间和地点应尽早确定。一般而言，群主应在活动前一个月确定具体的时间和地点。如群主 Sky 决定在社群有效期内为会员举办 5 场同城见面会，根据这个计划，确定每一场活动的举办时间如下：

每个月最后一个周日的 14：00—20：00

地点为：杭州、北京、上海、厦门、广州

这样的计划就预留出了充足的准备时间。

### 2）组建活动团队

举办线下活动，仅凭群主一人的力量很难顺利进行，通常需要投入大量的人力资源来高效解决各种问题，如场地选择、嘉宾邀请、成本预算、参会人员的食宿安排等，这样才能有效应对各种突发状况。

为了有效地组建活动团队，一种行之有效的方法是从社群会员中招募志愿者或以有偿方式聘请对社群有深度参与的会员来协助举办活动。社群会员通常与群主之间的关系更紧密，他们对社群的运作有更深入的了解，这样在协同工作时会更加顺畅。此外，如果愿意成为活动志愿者的会员恰好生活在活动举办地附近，那么群主与他们对接活动事宜也会更加方便，同时还能节省一部分活动成本。

活动团队会员确定后，将大家划分为几个小组，每个小组指派一名负责人，并将任务分配给负责人。群主 Sky 在举办同城见面会的时候就采用了这种方法：

> 考虑到 5 场同城见面会分别在 5 个不同的城市举行，仅靠我和几名社群运营团队成员推进是远远不够的。因此，我决定从会员中找愿意协助举办见面会活动的志愿者。为此，我在社群里发了一张活动报名表（见表 7-4），请有意向的会员填写提交。然后我再从回收的报名表中挑选出合适的人并电话确认，很快就找到了愿意帮忙的人。

志愿者招募完毕之后，我将他们分成 5 个小组，由我的社群运营人员分别带队前往杭州、北京、上海、厦门、广州这 5 个城市，一起负责同城见面会的各项事宜。大家合作非常愉快，而且这样的招募方式帮我节约了一定的人力成本，志愿者们也从活动中学到不少东西。

表 7-4

| 同城见面会活动报名表 |||
|---|---|---|
| 问题 | 答案 | 备注 |
| 01. 你参加哪个城市的同城见面会 | | |
| 02. 你在社群中的昵称 | | |
| 03. 你的微信 ID 是（非微信昵称） | | 用于线上联系，将会分享给同城组织者 |
| 04. 你是否想成为本次见面会的志愿者 | | |
| 05. 你的手机号码是多少 | | 用于线下联系，将会分享给同城组织者 |
| 06. 你的职业是什么 | | 在哪个公司担任什么职位 |
| 07. 个人介绍，请尽可能详细阐述 | | |
| 08. 你有没有想分享的主题 | | 主题类型不限，如果有，请简单介绍该主题 |
| 09. 其他想对群主 Sky 说的话 | | |

3）制订活动计划

线下见面会分为活动准备、活动进行和活动结束三个阶段，表 7-5 给出了这三个阶段所需要注意的关键事项，这张流程表是一份相对完整的线下活动流程。

表 7-5

| 活动阶段 | 活动任务 | 具体事项 |
| --- | --- | --- |
| | \<社群线下活动流程\> | |
| 准备阶段 | 确认活动时间 | 1. 商定活动的报名时间和截止时间<br>2. 商定活动正式开始和结束的时间 |
| | 确定活动报名条件 | 1. 根据活动主题，确认活动受众人群和参加资格（会员所在城市、对社群的贡献等）<br>2. 审查已报名的会员是否符合条件 |
| | 准备活动物料 | 1. 推广活动所需要的海报、文案等宣发物料<br>2. 活动中介绍嘉宾的 PPT 文件<br>3. 活动中不同节目之间的串场词<br>4. 布置活动现场所用的各种物品，如鲜花、纸、笔、水等 |
| | 预定活动场地 | 1. 估算活动场地的规模<br>2. 确定活动场地<br>3. 制定乘坐不同交通工具前往活动场地的方案<br>4. 准备活动场地所需要的设备<br>5. 预定活动场地的餐饮套餐<br>6. 确定参加活动的人员的住宿方案 |
| | 邀请活动嘉宾 | 根据活动主题，准备话术，邀约参加活动的嘉宾 |
| | 确定活动主持人 | 通过在团队中投票筛选或外聘的方式，确定活动现场的主持人 |
| | 确认活动人数及其信息 | 报名截止后，根据每个人的报名信息，一一联系确认是否为本人报名及是否能够按时参加活动，统计最终能够参加活动的人数并组建用于"活动通知"的微信群 |
| | 确认活动中的节目顺序 | 社群的线下活动，通常有主持人开场、群主分享、嘉宾分享、优秀会员分享、会员自由交流、就餐等环节。在活动开始前，工作人员需要安排好每个节目的顺序及时长。比如社群"AI 绘画师日记"的同城见面会的活动环节如下：<br>● 会员介绍（3～5 分钟／人）<br>● 设计主题分享（16～30 分钟／人）<br>● 与设计有关的疑难解答，互动交流<br>● 自由聚餐与交流时间。在这段时间里，参加见面会的社群会员可互相认识，对接工作机会；也可以一起玩游戏 |

续表

### 社群线下活动流程

| 活动阶段 | 活动任务 | 具体事项 |
| --- | --- | --- |
| 准备阶段 | 估算活动成本 | 租赁场地的费用、餐饮费用、住宿费用、工作人员的差旅费用、推广活动的费用 |
| | 拉取赞助商 | 1. 根据估算的活动成本，确定赞助商的数量<br>2. 拉取赞助商，明确赞助条件及赞助金额<br>3. 和赞助商对接、准备宣发物料 |
| | 推广活动 | 1. 制定推广活动的方案，包括推广方式、渠道等<br>2. 统计推广渠道所需要的费用 |
| | 通知社群会员参加活动 | 在活动开始前 2~3 天，活动小组人员需要在微信群内多次发消息通知已报名的社群会员参加活动，避免会员错过活动 |
| 进行阶段 | 布置活动场地 | 1. 摆放座位，前排座位按顺序依次贴上群主、受邀嘉宾等重要人员的名牌<br>2. 检查活动现场的投影仪、音响、话筒、灯光等设备<br>3. 张贴路线指示牌和海报，做好路线引导 |
| | 核对实到现场人数 | 准备一张签到表，请每位到场参加活动的会员签名。签名结束后，活动小组人员将实际到场的人数和报名表比对后，联系未到场的社群会员<br>未如约到场的社群会员，若是因为迷路或天气原因，活动小组人员需及时给予帮助；若是因为私人原因，也要在签到表的备注栏中填写事由，方便活动结束后复盘 |
| | 服务参加活动的会员 | 1. 按照活动节目推进活动进度<br>2. 随时待命以便应对突发情况。如话筒突然没电，要马上联系活动场地负责人提供新的话筒 |
| | 活动现场采风 | 拍摄现场活动的照片和记载活动内容的纪要，为活动结束后的收尾宣发和下一次活动的宣发积累素材 |

续表

| 活动阶段 | 活动任务 | 具体事项 |
|---|---|---|
| 结束阶段 | 安排住宿和餐饮 | 活动结束后，活动小组人员引导社群会员前往就餐和住宿地点 |
| | 整理活动现场 | 活动结束后，活动小组人员要整理遗留在活动现场的物品，以及将活动设备归还给场地出租方 |
| | 复盘活动流程 | 复盘"活动前"和"活动中"每个活动环节中出现的问题及其原因、解决方案，总结可复用的方法和经验 |
| | 收集活动反馈信息 | 询问参加活动的社群人员：对哪些活动环节比较满意，认为哪些活动环节还有优化的空间等，为之后设计活动流程积累有价值的参考信息 |
| | 计算活动收支 | 计算场地租赁、差旅等支出费用和赞助商提供的活动资金，查看活动成本是否有优化空间 |

（表头：社群线下活动流程）

在活动准备阶段，需要完成以下主要工作：确定参加见面会的会员名单、预定活动场地、准备活动物料等。在活动进行阶段，活动团队需要提前布置好活动场地、接待参会的会员，并进行现场采风和记录等。在活动结束阶段，需要清理活动现场、复盘和总结整个活动过程、回顾收获和不足之处，为下一次活动做更好的准备。

尽管举办一场线下活动需要投入大量的时间和成本，但成功举办活动可以强化线上社群的存在感，让会员更深入地感受社群的价值和魅力，提高会员的黏性。同时，线下活动也为会员之间，以及会员与群主提供了面对面交流的机会，有助于加强彼此之间的情感联系，增强社群的凝聚力。此外，活动的举办过程本身也能吸引外部人士的注意，从而吸引潜在会员的关注。

因此，如果条件允许，群主可以尝试举办一场线下活动。你会发现，它对于推动社群的发展和提升社群品牌影响力具有惊人的效果。

> **\*拓展阅读（十）**
>
> **如何搭建社群的积分体系**
>
> 社群的长久发展需要加深老会员和社群之间的联系，同时吸引更多新会员加入。为了实现这个目标，除了使用内容运营和活动运营的方法，群主还可以通过打造"积分体系"激励和引导会员协助完成运营目标。想了解这方面知识的朋友可扫描图 7-5 所示的二维码。
>
> 图 7-5

# 社群增收篇

## 不可低估的社群创收产品

付费代表相信,付费社群是信任的开始。随着社群内容变得丰富,好的内容带来更深的信任。所以当群主向社群成员推荐其他产品时,比如各类知识产品、各类电商产品等,有更大的机会销售成功。

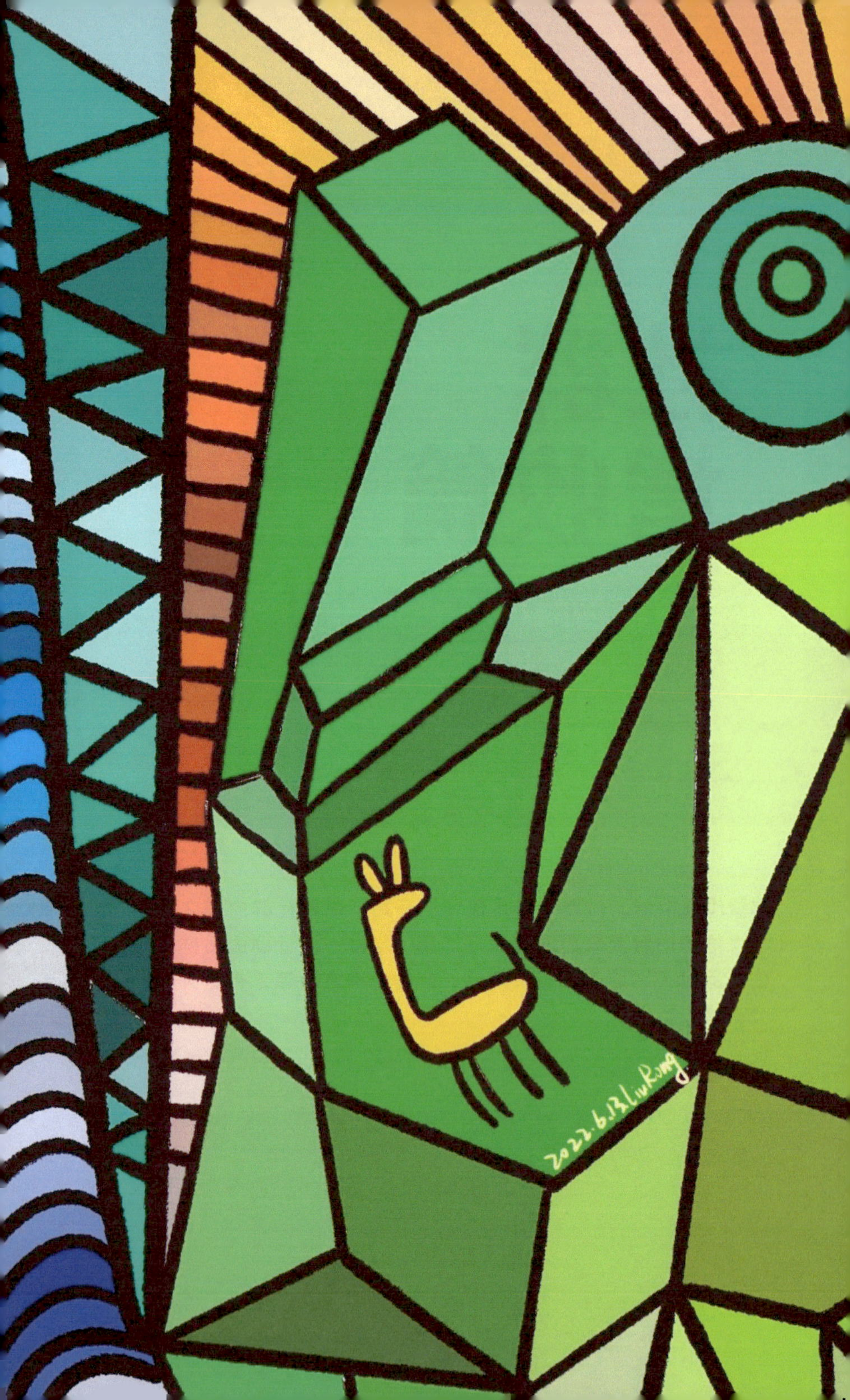
2022.6.13 LiuRong.

# 第八章

## 拓展付费服务，放大社群价值

付费社群的收入来源还可以更为多样化。通过了解并挖掘会员的其他需求，通过新增私塾班、一对一高价咨询等服务，提高社群收入。此外，销售社群周边产品、开展线下活动等增值付费服务，可以作为有效拉新和增加续费会员的手段，间接提升社群的门票收入和价值。

群主应在何时开发新的付费服务？选择哪种类型的付费服务？高价付费服务与增值付费服务之间有何区别？当增值付费服务被用作拉新和增加续费率的手段时，又应该如何操作以提高社群的门票收入呢？

本章将介绍社群中常见的付费服务及开设的条件，并深入分析这些服务在吸引新会员和增加续费率方面的效果，希望能帮助刚开始运营社群的朋友开拓多元化的收入来源。

211　　199

## 第一节
### 启动全新付费服务的前提条件

在群主熊道[1]看来,仅依靠门票收入并不能保障社群长久运营。他认为,每位群主都应尝试洞察和挖掘会员的需求变化,在社群内部创建多元化的消费场景和付费服务,以此增加会员在社群内的消费频次,从而放大社群价值,进而拓展收入来源。

不过,在启动全新付费服务之前,常常需要满足三个前提条件。

(1)群主有足够的精力。增加任何一项付费服务都意味着群主需要投入更多精力。即使是有运营团队协助的群主,仍需要花费不少时间用于决策和管理。因此,当群主有充足的时间时,才有机会提供高质量的付费服务,会员也才能从高质量的服务中获得有效成长,进而增强对社群的信任和支持。

(2)需要详细研究会员的新需求。任何付费服务的核心都是建立良好的口碑,尤其是对于高价付费服务而言。在推

---
[1] 熊道,互联网创业者,抖心学院创始人,在知识星球创建有多个社群。

## 第八章 拓展付费服务，放大社群价值

出新的付费服务之前，对会员需求进行详尽的分析是关键。只有真正满足会员的需求，这样的服务才能得到会员的认可。否则，在投入了大量人力和时间的情况下，新的付费服务可能会无人问津，导致无法持续运营。

（3）对于有着相同新需求的会员，其人数需要达到一定的规模。从投入产出比的角度来看，如果投入成本相同，那么更多的会员购买新的付费服务将带来更大的收益。同时，如果同一种需求的会员较多，那么他们在一起学习时就可以更好地相互支持和鼓励，分享更多的经验和知识。这不仅提升了服务体验，也使得社群更加活跃和团结。

在满足以上条件之后，群主就可以大胆尝试挖掘新的付费服务，拓展收入来源了。

## 第二节
## 两种经典的高价付费服务

开设私塾班和提供一对一高价咨询服务，是群主拓展收入来源的首选。这些付费服务不仅能够满足会员的特殊需求，帮助他们在短时间内获得更优质的成长，还可以为社群带来可观的收益。在私塾班中，社群会员可以与志同道合的人一起学习，分享经验和心得。而一对一高价咨询服务则更加注重个性化需求，旨在帮助会员解决遇到的各种难题，提高个人能力和竞争力。

本节，我们将详细介绍私塾班和一对一高价咨询服务的作用，以及如何做好这两种服务的方法。

### 1. 私塾班

私塾班是指为满足会员更高阶的成长需求而单独开设的付费课程或学习活动，由群主亲自带领学习和实践。所以，私塾班的服务内容通常直接由会员的需求决定。例如，社群"AI 绘画师日记"已经有 2 万人付费加入学习。除了来自设计行业的新人，还有许多来自不同设计方向的专业设计师，他们的能力水平和成长需求各不相同。为了满足高水平会员的需求，群主 Sky 曾于 2022 年推出了专门为他们定制的"UI 设计私塾班"。

**1）私塾班的作用**

私塾班能够提供沉浸式的学习方式，创造和谐并进的学习氛围。会员参加私塾班可以在短时间内更快速地获得成长，同时为自己和社群沉淀优质内容。

以群主 Sky 的"UI 设计私塾班"为例，参加私塾班的会员将在未来 3 个月内接受专业的设计思维训练和作品指导，同时享受课后助教一对一的作业指导服务。在课程结业时，每个会员都将拥有一份属于自己的设计作品，可作为在职场跳槽或晋升中争取升职加薪机会的杠杆。

在群主 Sky 看来，私塾班还有一个非常重要的作用：

> 它能利用价格筛选出社群内的高净值会员并将这部分会员培养成 KOC，使他们成为社群里输出优质内容的腰部力量和成为新会员的学习榜样。
>
> 为什么这么说？因为愿意支付更高价格购买私塾班课程的会员，说明他们比未付费购买的会员（普通会员）更认可社群的价值。这些会员经过 3 个月集中训练之后，设计水平和审美能力都会得到大幅提升。这时候，他们就可以通过不断分享优质内容成为社群里的 KOC。
>
> 而我为了鼓励他们持续输出，他们每分享一次高质量的专业内容，我都会给予他们一颗"黑珍珠"[1]作为奖励，并邀请他们加入"黑珍珠俱乐部"[2]，帮助他们拓展人

---

[1] 知识星球社群"AI 绘画师日记"的积分名称，可用于兑换现金或奖品。
[2] 知识星球社群"AI 绘画师日记"的 VIP 会员的微信群名称。

> 脉。有了这一系列正向反馈，他们对社群的信任感变得更强了，也更愿意分享，有些会员甚至会因此帮忙邀请新会员加入我的社群。

私塾班对社群的作用如此有益，那如何办好私塾班呢？

**2）做好私塾班的两大要点**

要想做好私塾班，了解清楚会员的需求[1]非常重要，除此之外，还要做好定价和交付策略。

（1）**合理定价**。想要制定出合理的价格，群主需要考虑多方面因素，不仅是人力投入成本，还包括私塾班的价值。以一个摄影社群为例，群主创建社群的初衷是建立一个私密的交流空间，方便自己和读者相互交流，同时为读者提供资源链接的机会。因此，他将社群门票定为 50 元。若会员希望进一步学习专业摄影技能，可以付费参加群主开设的"摄影私塾班"。由于群主需要投入更多精力准备和交付私塾班的服务，私塾班提供的专业服务价值也非常高，因此其价格可定为社群价格的 5～6 倍。

另一种情况是，社群已经提供了多种服务项目，私塾班只是为满足部分会员的特殊需求，并且需求人数不高。比如群主 Sky 的社群提供了多种服务，而"交互设计私塾班"只是满足一部分需求，在这种情况下，私塾班的价格通常是社群价格的 2～3 倍。

这两种情况的定价原则只是一个基本参考标准，并非硬性规定。群主在实际运营中仍需根据实际成本动态调整，以确保私塾班的可持续运营。同时，群主还需考虑私塾班对社

---

[1] 如何了解会员的需求，可参阅拓展阅读（一）。

群的作用，是否能为会员提供更多的价值和帮助。只有在综合考虑了这些因素后，群主才能让会员在社群内获得更多成长和收获，社群才能获得持续的发展。

（2）选择正确的交付策略。选择正确的交付策略对于成功运营私塾班至关重要。常见的交付策略主要有两种：低价高频和高价低频。

低价高频的策略，意味着每期私塾班的价格相对较低，且交付的节奏较快。而高价低频的策略则是定价较高，交付节奏较慢。仍以群主 Sky 的"交互设计私塾班"为例，最初他采取了低价高频的策略，每期课程定价为 1900 元，交付周期为一个月。该策略吸引了近千名付费会员参加。然而，由于报名人数过多，群主投入的时间成本超过了他的精力范围，因此不得不加快交付的频率和节奏。结果，由于每期课程时间过短，私塾班的培训效果难以被很好地评估。

为了保证私塾班的课程质量，Sky 决定调整交付策略为"高价低频"。他将私塾班的价格提高至 6980 元，并将每期的交付时间延长至三个月。这种慢节奏的交付方式让学员们对课程质量有了超出预期的体验，并且私塾班获得了 100% 的好评。在调整策略后，Sky 成功连续开设了 9 期课程，每期吸引近 100 人付费参与，为社群带来了可观的收益。

Sky 对私塾班策略进行调整的经历反映出，低价高频的策略可以在短期内吸引大量会员参与，但从长期来看，群主需要有足够的能力和时间来服务这么多会员，以免影响课程质量和声誉。而高价低频的策略可能起初会"吓退"一些潜在学员，但较长的交付周期给予群主更多的时间和精力来提升课程质量和声誉，从而吸引更多忠实的学员。因此，每位群主都应根据自身的时间情况选择适合自己的交付策略，以实现私塾班的成功运营。

## 2. 一对一高价咨询

一对一高价咨询服务提供了更个性化、更专业化的解答服务。会员购买服务后，在服务期限内，可以直接与群主进行面对面提问，并随时寻求群主的帮助。群主会全程跟进会员遇到的问题，并根据问题的变化情况及时提供详细的解决方案和实操建议，直至问题被彻底解决。由于会员遇到的问题会不断变化，群主无法事先预测问题或准备解决方案，所以只能根据实际情况进行灵活应对。因此，群主需要投入更多的时间与会员保持线上和线下的沟通，并且必须具备丰富的实战经验才能有效做好这项服务。

群主熊道认为，在服务流程上，若能运用好下面两个技巧，将更容易做好一对一高价咨询服务。

第一个技巧是，构建咨询场景，明确服务内容和规则，设计退款机制，这是最关键的服务环节。

其中咨询场景最好是以线下形式为主，熊道认为：

> 线下一对一的交谈方式能让群主及时回应会员提出的任何问题，还能让会员感觉多了一份真实感，而且在没有人围观的情况下，群主和会员都能更自如地表达，体验更好。

服务内容和规则，一般包括咨询次数、时长、每次咨询的问题数量、涉及的行业领域等。群主将这些信息点罗列清楚，会员才能更好地判断自己是否需要购买这项服务。信息点举例如下：

### 第八章 拓展付费服务，放大社群价值

- 采取线上咨询还是线下咨询，并由谁来提供服务。
- 会员付费后，一年内能得到多少次一对一咨询服务。
- 每次咨询能为会员解答多少个问题。
- 每次咨询的时长。
- 咨询的问题可涉及的行业领域有哪些。
- 每次咨询的时间和地点由谁决定。

退款机制是指在何种情况和什么样的时间范围内，会员可以向群主提出退款申请。会员可以在以下情况下向群主发起退款申请：会员认为自己没有从一对一高价咨询服务中获得任何收获，或者服务并没有如约为会员带来预期收益。不过，要注意的是，群主必须对"收获"和"收益"做出明确规定，这样才能帮助自己更好地准备服务内容，也能作为会员发起退款申请的评判依据，避免双方引起不必要的交易纠纷。

以群主猫叔的方法为例，他在开启一对一高价付费咨询服务之前，采取了如下步骤。首先，邀请填写申请表，即邀请有意向购买该服务的会员填写申请表，如表 8-1 所示，包括姓名、个人信息和其他信息等。其次，电话确认申请表信息，即猫叔逐一与每位提交申请表的会员进行电话沟通，核实申请表上的信息与会员口述的一致性。然后，协商服务规则和退款机制，达成一致后，确定线下咨询的时间和地点。服务开始后，如果猫叔按照约定为会员带来了所承诺的收益，那么按照约定无须将钱退还会员，反之则须退还。

表 8-1[1]

| 一对一高价咨询服务申请表 ||||
|---|---|---|---|
| | ● 请放心填写，我们将誓死捍卫您的隐私<br>● 请认真填写，以便我们更好地为您服务 ||||
| 姓名 | 个人信息 || 请描述您的工作经历 | 希望解决的问题及可接受的服务价位 |
| | 性别 | | | |
| | 年龄 | | | |
| | 所在城市 | | | |
| | 职业状态 | | | |
| | 专业领域 | | | |
| | 联系电话 | | | |

**第二个技巧是，选择适合的目标会员。**

群主熊道认为，一般情况下，一对一高价咨询服务的价格总会比社群门票更高，因此购买这项服务的会员大多是具备高消费能力的人群，主要代表人物有公司高管、CEO 或年入百万元以上的创业者。他们拥有较高的行业影响力和号召力，如果以这类人群作为一对一高价咨询服务的目标会员，并通过提供优质的咨询服务赢得他们的认可，他们在接受服务后极有可能会自愿向身边的人推荐我们的服务。这将带来更多客源，创造更大的收益，并且进一步提升社群品牌的知名度。正如熊道所言：

---

[1] 该表根据群主剽悍一只猫的申请表的部分内容制作而成。

## 第八章 拓展付费服务，放大社群价值

> 做一对一高价咨询服务，选择具有高消费能力的人群并做好对他们的服务，更容易获得稳定的客源。比如我的高价付费咨询服务的目标会员都是一些公司高管或者CEO，每当服务好其中一位会员，我就会获得另一位新客户。

那么，什么类型的社群最值得做一对一高价咨询服务呢？

很多群主经过实践后发现，在社群门票价格比较低的情况下，群主独立分享模式的社群比多人共建内容模式的社群[1]更适合开启一对一高价咨询服务。因为前者是一种相对精简的社群运营方式，需要群主投入的时间相对较少，从而群主能够专注于提供高质量的一对一高价咨询服务。

而后者需要群主投入更多时间和精力分享专业知识、提供问答、举办线下见面会、进行资源链接等服务。当然，在人力充足的情况下，这类社群的群主也能够开启一对一高价咨询服务，如果人力不充足，则需要慎重考虑。

因此，从投入产出的角度来看，社群采用"群主独立分享+一对一高价咨询服务"的商业模式，更容易实现盈利。

除此之外，新会员的增长速度相对缓慢的社群，也值得尝试提供一对一高价咨询服务。当新付费会员数量的增长速度开始放缓，甚至出现短暂停滞时，一对一高价咨询服务带来的收入可以对冲社群的投入成本，让社群保持盈利的状态，获得向前发展的动力。

---

[1] 这两种类型的特点详见本书第七章。

## 第三节

## 两种常见的增值服务

社群中常见的增值服务有两种：制作社群周边和举办线下活动。它们的特别之处在于，既可以把它们当作一种福利赠送给会员，增加会员的归属感和忠诚度，提升社群的凝聚力，也可以把它们作为一种商品和付费服务来经营，吸引未付费的目标用户购买，增加社群的收入。

### 1. 社群周边

社群周边是指与社群相关的商品，例如T恤、水杯、笔记本、文化衫等。这些周边产品通常刻印有社群的Logo或社群二维码，可凸显社群的品牌形象。例如，社群"帅张和他的朋友们"在2022年推出了一款"人间值得"T恤，如图8-1所示。T恤的胸口处印有四个字"人间值得"，其设计理念代表着群主帅张对会员们的美好祝愿：

> 愿你尝遍世间烟火，依然相信人间值得。
>
> 生活艰难，但希望我们每个人都能用人间值得的态度去生活。

第八章 拓展付费服务，放大社群价值

图 8-1

当大家穿上这件衣服时，象征着我们彼此都对这一生活理念产生了认同，我们都是群主帅张的读者，也完美地体现了《诗经》中"与子同袍"的含义。

（1）社群周边的类型。在知识星球里，目前社群周边主要分为以下四类，如表 8-2 所示，其中生活用品和社群文化衍生品是大部分社群的选择。因为和其他类型的周边相比，制作这两类产品的商家通常能接受个性化的定制，比如刻印社群 Logo 图案或社群 Slogan 的文化衫。其次，这两种类型的社群周边更贴近会员的日常生活或工作场景，使用的频率较高，更有利于提高社群的品牌知名度。

表 8-2

| 社群周边的类型 ||
| --- | --- |
| 类型 | 举例 |
| 生活用品 | 笔记本、笔、水杯、扇子 |
| 社群文化衍生品 | 文化衫、纪念品摆件、帽子、雨伞 |
| 数码产品 | 手机、电脑、照相机 |
| 体育用品 | 运动手环、跳绳、健身器材 |

（2）**社群周边的使用场景**。制作社群周边作为社群的增值服务之一，在不同的运营场景下，能为社群带来多种增值效益。

在拉新和续费活动中，群主通常会将社群周边作为活动福利赠送给新老会员。例如，2020年，群主Sky设计了一副精美的扑克牌用作新会员加入社群的福利，再配合"营销裂变"的推广方式，一天之内吸引了数千位会员加入社群。

社群周边也能用在社群日常的运营场景中，比如打卡活动或会员日抽奖，这不仅提高了会员对活动的兴趣，还让大家更加深入地融入社群文化，增强归属感和忠诚度。例如，社群"萧大业和他的朋友们"所提供的社群周边涵盖扑克牌、T恤、社群手册等多种类型的产品，如图8-2所示，深受会员们的欢迎。尤其是扑克牌，每张牌上都印有群主萧大业[1]独家设计的元素，收到社群周边后，几乎所有会员都会在朋友圈拍照分享，以表达对社群的认同和喜爱，从而将社群的名气随着会员们的分享不断传播开来。

社群周边也可以作为商品对外销售，增加社群收益。例如，社群"生财有术"2021年推出过一本日历，既是社群活动的奖品，又是单独对外售卖的商品，如图8-3所示。这款周边由社群会员共创，而且会员可以通过分销赚取佣金。它在为社群创造收益的同时，也让会员在共创和分销的过程中，增强了对彼此的认识。同样地，社群"AI绘画师日记"的周边"色卡"[2]（见图8-4）也采用了共创的方式。

---

[1] 萧大业，企业管理专家，知名培训师，天使投资人，在知识星球创建有社群"萧大业和他的朋友们"。
[2] 色卡，用于色彩选择、比对、沟通，是色彩实现在一定范围内统一标准的工具。

第八章 拓展付费服务，放大社群价值

图 8-2

图 8-3　　　　　　　　　图 8-4

（3）制作社群周边的注意事项。每种周边产品的制作周期都比较长，从搜集设计素材、定稿、印刷，到收集和核对

207

会员的地址，再到物流发送，至少需要 3 个月的时间。尤其在收集会员地址和发快递环节，至少需要两名人员全天持续跟进。如果群主用于运营社群的时间并不充足，即便制作社群周边能够间接或直接为社群带来一定的收益，也要量力而行。

### 2. 线下活动

线下活动是指在现实生活中举办的社群活动。它能让会员从线上走到线下，从虚拟走进现实，让彼此建立深度链接，还可以放大社群的品牌效应，增进会员之间的情感和对社群的信赖感。在第七章，我们介绍过线下活动的作用和举办流程，这里不再赘述。本节主要和大家分享线下活动作为付费增值服务是如何为社群带来收益的。

#### 1）开源

群主盗坤[1]认为：

> 举办线下见面会，只要合理规划成本和投入，也有机会实现盈利。而合理规划的原则就是"开源节流"。

开源策略意味着在线下活动中尽可能增加能够带来收入的环节，例如邀请品牌方、广告主作为赞助商为线下活动提供资金和物料，并在活动中宣传他们的产品。另外，如果群主在现场营销方面有一定的专业能力，可以利用活动现场推广社群的私塾班或高价一对一咨询服务，以增加活动的收入。

---

[1] 盗坤，"90后"，100多家淘宝C店老板，同名公众号主理人，在知识星球创建有社群"电商公园"。

### 第八章 拓展付费服务，放大社群价值

此外，收取活动门票也是增加线下活动收入的一种办法。然而，群主必须根据线下活动的价值，以及社群会员可接受的价格范围来确定门票价格。如果加入社群的门票费用已经较高，且线下活动并非以盈利为目的，而只是作为一项福利为会员提供服务，那么与投入成本持平的门票收入就是合理的。如果线下活动是作为一项付费增值服务来运营的，那社群必须通过线下活动来提供资源链接等服务，那么门票的定价可以高一些。

以社群"淘金之路"一场 150 人的广州线下见面会为例，这场活动仅作为一项会员福利而不以盈利为目的。现场由群主狗哥[1]一人负责内容分享，没有邀请嘉宾和主持人，也没有邀请赞助商入驻，活动成本包含场地租赁费、社群运营人员的差旅费、酒店住宿费和现场活动物料费。因此，狗哥最终根据投入成本确定了活动门票为 299 元，整场活动基本实现了收支平衡，如表 8-3 所示[2]。

表 8-3

| 社群"淘金之路"广州线下见面会收支明细 |||
| --- | --- | --- |
| 项目 | 单项费用 | 总金额 |
| 活动门票 | 299 元/人 | +44850 元 |
| 租赁场地 | 3000 元/天 | -3000 元 |
| 酒店住宿+早餐 | 230 元/人 | -34500 元 |
| 4 位工作人员差旅费 | 600 元/人 | -2400 元 |
| 现场活动物料 | 展板、海报、文具、矿泉水、零食等 | -5000 元 |
| 费用收支结果 | 门票收入：+44850 元<br>活动支出：-44900 元 ||

---

1 狗哥，公众号"暴走狗哥"主理人，在知识星球创建有社群"淘金之路"。
2 为方便统计，表中的费用根据实际费用四舍五入为整数。

**2）节流**

节流策略是指，群主在策划活动的时候，一定要罗列清楚所有可能产生开支的项目，如场地租赁费、餐饮费、嘉宾出场费、差旅费、宣传物料费等，并严格按照预算来控制开支，确保每一分钱都用在刀刃上。

对于活动所需的展板、参会证、文具等基本物料，尽量保留下来以备二次使用。此外，在活动现场无论是群主单人分享环节还是会员分桌讨论交流环节，都可以充分利用同一个活动场地。在人力成本上，招募当地社群会员作为志愿者，协助布置会场、维持秩序和拍摄活动现场照片等，以减少人力投入成本。

通过上述方式，社群可以节省开支并降低成本。同时，高价付费服务和增值服务可以为社群的现金流提供一层"防火墙"，即当社群增长遇到瓶颈时，这些服务带来的收入能够抵消投入成本，使社群能够维持盈利状态并持续发展。所以，每位群主都应尝试挖掘社群会员的新需求，主动创造新的付费服务，以拓展社群收入来源。

然而，请牢记在增加新的付费服务之前，一定要进行充分调研，确保真正了解社群会员的需求，并确保有足够的时间和资源来提供这些服务。做好这些准备后，可以选择提供私塾班、一对一高价咨询，也可选择社群周边或有门槛的线下活动。

# 社群续费篇

**让社群穿越不同周期**

人无我有，人有我无敌，独特性同样是做社群的关键。会员对群主和社群无法割舍，依赖群主的指引，依赖社群的内容和社交，社群续费率不用愁。

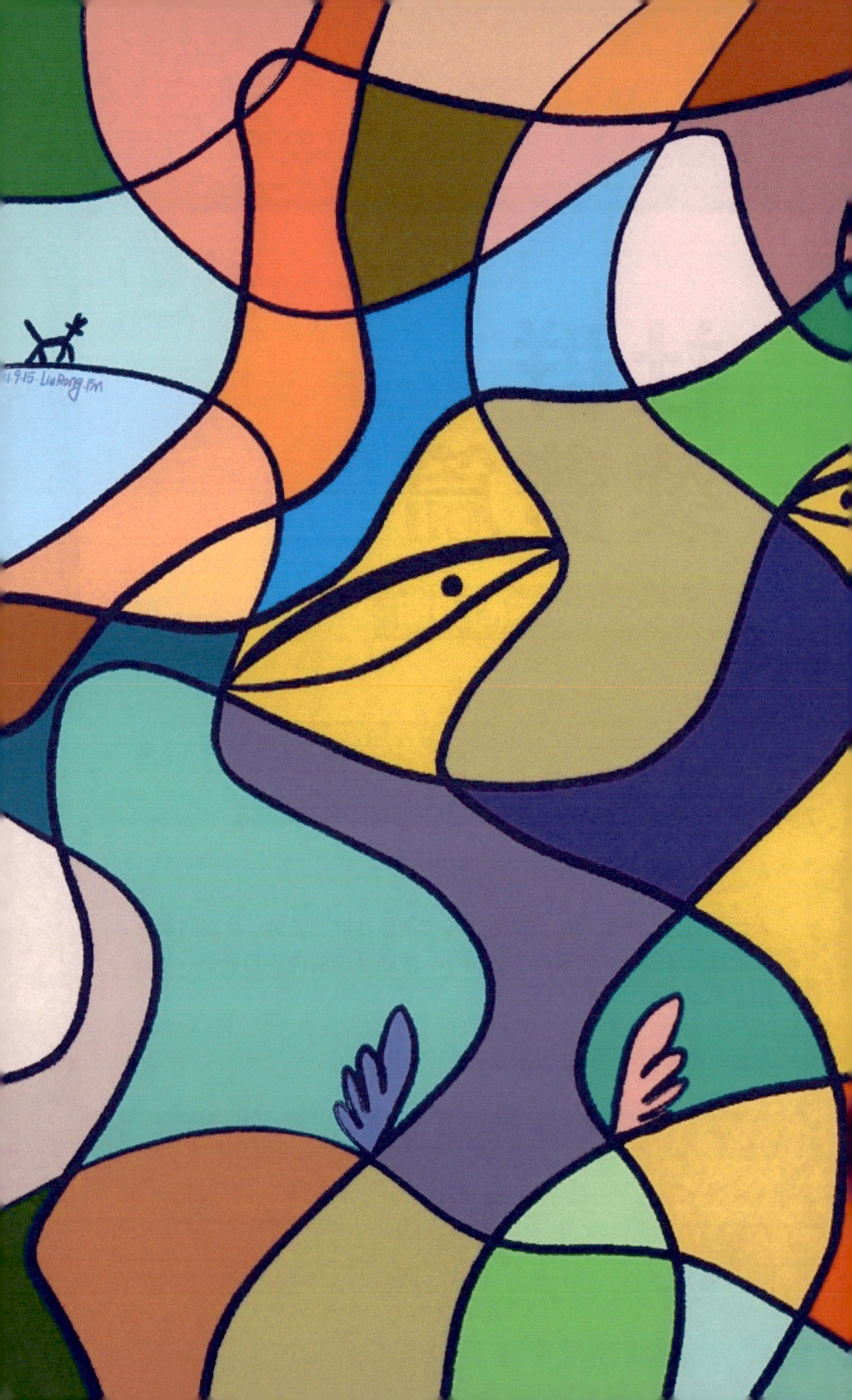
9.15 · LiuRong.Fm

# 第九章

## 三步提升社群续费率

为什么有些社群的收入规模可以达到千万元量级？为什么有些社群可以运营长达八年之久？那是因为这些群主从运营社群的那一刻开始就已经把续费意识悄悄种在会员的心里。经验丰富的群主为提高社群续费率总结出三个步骤。

第一步，在日常运营中努力赢取会员信任，通过提供有价值的服务让会员感受到社群的作用和群主的专业性。第二步，培养会员主动续费的意识。在日常运营中，可以通过真实生动的故事强调续费的重要性，提升会员续费意愿。第三步，制定良好的续费策略，让会员感受到续费的便捷性和优惠力度。

## 第一节

### 第一步：赢取会员信任

众所周知，许多人对于购买知识付费产品（如付费课程、训练营等）并不陌生。在做出购买决定之前，人们往往会参考同类产品，评估其性价比。购买后的体验极大程度上决定了人们对产品的信任度：如果产品如其所宣传的那样，人们可能会继续购买，甚至向身边的人推荐；如果产品未能达到预期，即使其声名鹊起，也很难留住人。

社群的付费加入机制同样遵循这一原则。新会员之所以选择付费加入社群，原因多种多样：可能是因为群主是自己信任的知名人士，加入社群使他们感觉和群主更亲近；可能是社群提供的服务恰好满足自己的需求；也有可能是看到身边许多人加入，出于从众心理而选择参与。

然而，当会员经历了第一次付费后，影响他们是否续费的关键因素就转变为社群是否真正解决了他们的问题，以及他们是否在社群中获得了预期的收益。

因此，在社群开展续费活动之前，群主在日常社群运营中的首要任务就是增强会员对社群的信任感和认同感。如果缺乏信任，无论群主在续费活动中提供多大的优惠或多丰富的福利，都难以获得理想的续费效果。

那么，如何增强会员的信任感呢？提供优质的服务至关重要。

### 1. 做好社群服务

做好社群服务是增强会员信任的关键，就像群主花爷所说：

> 在服务期内能够向会员稳定地交付社群服务，并在他们心中留下两到三个令人拍手称赞的服务或内容栏目，大部分人都会选择续费。

但会员的信任感并非靠群主一朝一夕的努力就能提升，它是由日常点点滴滴良好的服务体验累积而成的。因此，群主在运营社群的过程中，需要持续探索从哪些方面可以不断优化服务，从而让会员在享受服务的过程中更能感受到社群的价值和群主的专业性，最终加强对群主的信任。

### 2. 五个维度优化社群服务

基于数万个成功社群的运营经验，我们总结出了做好社群服务的五个维度：价值感、推进感、交付感、仪式感、温度感。仅以社群"生财有术"为例，在过去的 7 年时间里，群主亦仁和运营团队正是从这五个维度不断优化服务，使得社群付费人数一直向上增长且每年的续费率一直保持在 60% 以上，成为互联网创业类社群里的佼佼者。

由于这五个维度并不是可量化的指标，接下来，我们将通过举例的方式让大家了解每个维度和服务体验之间的联系，以及这种联系又如何影响续费率，希望对大家有启发。

**1）价值感**

**价值感是指会员感受到的社群服务价值，它是影响会员是否续费的关键。**

在群主亦仁看来，要想让会员感受到社群服务充实的价值感，可以在准备社群服务的前期就有意识地思考以下三个问题：

（1）提供服务的目的是什么？

（2）通过服务能为会员创造什么价值？

（3）会员通过哪种交付方式能感知到这份价值？

以亦仁为例，他希望社群会员能够在社群内获取到丰富的副业信息，并获得开展副业所需的能力、资源和人脉拓展的机会。基于这个目的，亦仁定期在社群内分享与赚钱相关的信息，邀请各行业的专家分享副业案例，并组织"大航海""小航海"等副业实战活动，如图9-1所示。通过这些活动，让会员在副业这条路上真正做到"知行合一"，赚到人生的第一桶金。

正因为将价值感作为服务的导向，亦仁致力于做对会员有用的事情，使得社群的每一项服务活动都有机会成为价值亮点。这种价值感使得会员在每一期服务结束后都愿意继续留在社群中学习和交流。

第九章　三步提升社群续费率

```
30+ 场航海实战机会
和高手一起实操项目

大航海  小航海  mini 航海  实战日

跟着风口上平台，选取前沿项目，由拿到结
果的实战派高手带队，一起探索航海并在过
程中链接战友，何以生财，唯有实战。
```

图 9-1

**2）推进感**

**推进感是指社群交付服务的节奏。**

对会员来说，群主越能有条不紊地交付服务，越能给予会员"言而有信、言出必行"的良好印象。以社群"唐韧的产品星球"为例，群主唐韧此前根据社群权益对社群服务做了进一步分类，如图 9-2 所示。同时，按照周、月、年为单位制作出一张社群服务交付时间表，如表 9-1 所示，通过这张时间表，会员可以清晰地了解社群服务的交付节奏，同时很好地彰显了群主的专业性。

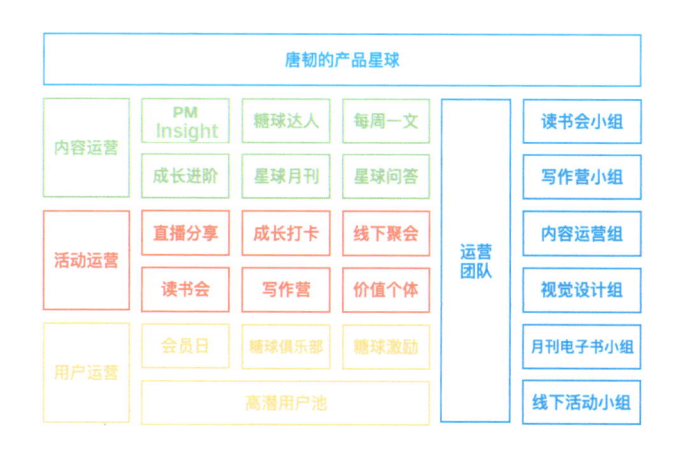

```
                    唐韧的产品星球

            PM        糖球达人    每周一文           读书会小组
内容运营    Insight
            成长进阶    星球月刊    星球问答           写作营小组

            直播分享    成长打卡    线下聚会   运营    内容运营组
活动运营                                      团队
            读书会     写作营     价值个体           视觉设计组

            会员日     糖球俱乐部  糖球激励           月刊电子书小组
用户运营
                      高潜用户池                    线下活动小组
```

图 9-2

217

表 9-1

社群"唐韧的产品星球"服务交付节奏

| 时间 | 周 | | | | 月 | 年 |
|---|---|---|---|---|---|---|
| | 周一早9点 | 周二晚9点 | 周三早9点 | 周五早9点 | | |
| 服务 | PM Insight：产品实践的案例和方法 | 产品夜话：直播回答群友的提问 | 糖球达人：产品人的成长故事 | 每周一文：产品、个人发展、投资等干货内容 | 过去一个月各栏目的精华内容合集 | 一年时间内各栏目精华内容合集 |

**3）交付感**

**交付感是指让会员感受到社群服务价值的完整性。**

交付感体现了群主的态度和能力，也是会员决定是否续费的重要考量因素。当社群进入续费阶段时，群主提出"续费会员在下一期服务中可以享受新服务"的承诺，会员会根据之前服务中所感受到的群主的交付能力和态度，来判断群主是否能如约实现新服务。

如果会员认为群主在上一期服务中展现出了优秀的交付能力和积极的态度，他们就会认为群主能够兑现承诺并对新服务充满兴趣，从而更有可能选择续费。

如何让会员体验到交付感呢？很多群主认为一个重要的运营原则是"任何事情做到有始有终"。例如，当会员提出了对社群运营的建议时，群主应该记录下来，并不断与会员沟通和反馈优化方案和进度，直到最终将调整完全实现。

**4）仪式感**

**仪式感是指会员在接受服务的过程中，能体会到被重视的感觉。**

从心理学的角度来看，当人们在某个社群中得到他人的

### 第九章 三步提升社群续费率

尊重和赞赏时，会对这个社群产生喜爱之情，并且为了持续获得认可，会一直留在社群中。因此，如果我们的社群能够给会员带来舒适和被重视的感觉，那么对提高社群的续费率十分有利。

希望会员在社群中获得仪式感，需要具备同理心和换位思考的能力，并将这些能力融入做事的细节中。例如，社群"淘金之路"在 2022 年设计了一款周边产品——虎年鼠标垫，既有仪式感又实用，如图 9-3 所示。在设计这款鼠标垫时，他们特意选择了 2023 年的生肖虎和金币作为视觉元素，社群的 Logo 被添加在鼠标垫的四个角落，同时春联上书写了"淘金之路，虎虎淘金"这样的祝福语，传达了一种希望和期待，即希望每位会员在 2023 年能够一起致富。

图 9-3

要想给予会员更多仪式感，还可以从以下几个方向优化社群的运营动作。

（1）增加活动流程的娱乐性，让会员获得更多愉悦的体验。例如，在每次组织线下活动时创建的微信群即将解散时，表达对会员支持的感谢之情；当会员在实战活动或内容共建中取得出色成绩时，颁发证书进行表彰等，这些都能让会员从社群中获得更多正向情感的能量。群主曹将每周都会在社群中表彰那些贡献了优质内容的会员，通过向会员颁发证书或者其他象征性的认可方式来实现，如图 9-4 所示。

图 9-4

（2）尽可能地在海报和线下活动的物料上体现出对会员的重视度。每次会员报名参加线下活动的时候，为他们制作名片；在一对一线下沟通服务的时候，在文案前加上会员的姓名，让他们体会到被单独关注和重视，如图 9-5 所示。

在帮助会员解决问题时，保持与他们的密切沟通非常重要。这种沟通方式类似于推进感。举例来说，如果要在社群内推荐会员的个人公众号，在推荐前要与会员进行反复沟通和确认所需的资料和信息，如二维码、推广文案和推广时间等。推广完成后，还可以向会员反馈推文的情况，并询问会员的涨粉数量等。通过这样的沟通方式，让会员真切感受到社群非常重视与他相关的事情。群主阿猫及其运营团队在和会员沟通推荐会员公众号这件事情上，通过逐字逐句地帮助

第九章 三步提升社群续费率

会员优化推广文案，并反复确认最终稿件的信息后，才发布推广文章，如图 9-6 所示。

图 9-5

**5）温度感**

温度感是指会员在社群内感受到的人文关怀和人情味。

人们通常喜欢温暖舒适的环境，而社群的融洽氛围和浓厚的人情味可增加会员对社群的好感，这也有助于提高社群的续费率。

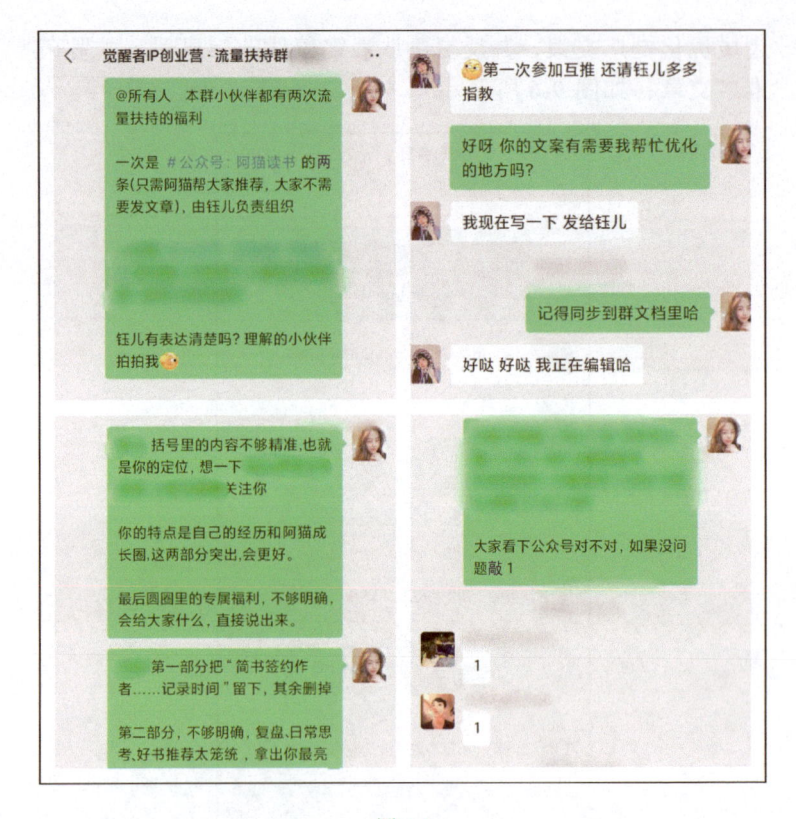

图 9-6

为了营造良好的社群氛围，群主需要以身作则。例如，经常评论和点赞会员的主题帖，公开分享社群中发生的令人感动和温暖的故事。举例来说，曾经有一位社群会员给群主狗哥写了一封感谢信，表达了对群主的感激之情，如图 9-7 所示。狗哥在朋友圈分享了这件事，得到了其他会员的许多点赞。这样的细节看似不起眼，但却能让会员感受到社群充满温情的一面。

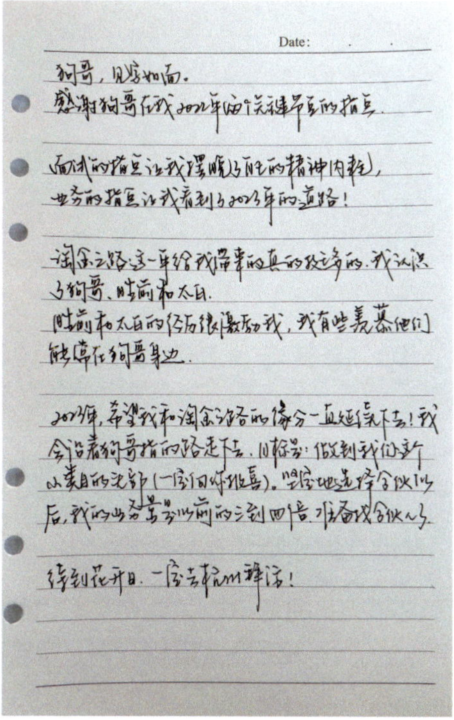
Date:　．　．

狗哥，见字如面。
感谢狗哥在我2022年的关键节点的指点。

面试的指点让我理顺了自己的精神内核，
业务的指点让我看到了2023年的道路！

淘金之路这一年给我带来的真的超多的。我认识了狗哥、晓蔚和太白。
晓蔚和太白的经历很激励我，我有些羡慕他们能常在狗哥身边。

2023年，希望我和淘金之路的缘分一直延续下去！我会沿着狗哥指的路走下去。目标是：做到我们这个类目的头部（一定回来报喜）。坚定地选择合伙以后，我的业务量是以前的三到四倍。准备找合伙人了。

等到花开日，一定去杭州拜访！

图 9-7

在社群进入续费期之前，从价值感、推进感、交付感、仪式感和温度感这五个角度，用心做好社群的日常运营，是提高社群续费率的关键步骤，也是极其重要的一步。会员能够真切地感受到群主的用心，这样，当邀请会员再次续费时，就不是一件难如登天的事情了。

## 第二节

### 第二步：提升会员续费意愿

一般来说，提升会员续费意愿可以从两个方面着手：培养会员主动续费的意识和迭代社群服务。

培养会员主动续费的意识，是让会员意识到留在社群的必要性和重要性，这样不用群主邀请，会员也会自然而然选择留下来。通过迭代社群服务，会员能够感受到社群的活力和创新，意识到留在社群还能获得更多不同的知识资源和体验，结交更多不同背景的朋友，进而愿意继续续费。

如何培养会员主动续费的意识呢？又如何迭代社群服务呢？下面将以群主夏不飞[1]的丰富经验作为案例，向大家分享实践方法。

#### 1. 培养会员主动续费意识

群主夏不飞运营着 8 个付费社群，每个社群运营时长都

---

[1] 夏不飞，中国地产"非知名广告人"，《创意的坏习惯》作者，在知识星球创建有"夏不飞创意日报"等 8 个社群。

## 第九章 三步提升社群续费率

有 3 年之久，在培养会员主动续费意识上的经验颇丰。他的经验分享如下：

> 从创建社群开始，我就非常希望每一位来自地产营销行业的朋友在加入我的社群之后，能在文案、策划、创意上有所突破。但是，我也明白，在线上社群学习是一种新型的学习方式，它和我们从小到大在学校里的学习方式不同。在学校里，有老师督促，有同学陪伴；在社群里，虽然能和其他会员交流讨论，但并没有人陪伴和督促，需要有较强的自律性才能坚持下去。**意识到这一点后，从社群迎来第一批新会员开始，我就会第一时间表示，自己是未来一年里陪伴和督促大家学习的老师，从心理上消除会员初次线上学习的不适应感。**
>
> **然后，从学习周期的角度，我让会员明白了坚持学习的重要性。**怎么做？用真实的案例不断证明作家格拉德威尔提出的"1 万小时定律"[1]。比如，我会分享老会员通过坚持学习获得升职加薪的故事，也会用一些反面案例证明半途而废的学习相当于前功尽弃。在这样潜移默化的影响之下，很多会员都会逐渐认同"1 万小时定律"，并在脑海中逐步形成坚持学习的意识。
>
> 事实证明这么做是有效的。在过去几年里，当社群进入续费阶段后，不需要我特意提醒，会员们也会主动续费。因为他们已经意识到坚持学习是重要的，并学会了把付费学习当作对自己人生的一种价值投资。

---

[1] 作家格拉德威尔在《异类》中提出的"1 万小时定律"——"1 万小时的锤炼是任何人从平凡变成世界级大师的必要条件。"

## 2. 迭代社群服务

对不续费的会员，夏不飞曾经做过一次深度调查，发现已经续费两年的老会员第三年没有续费的理由并非不认可社群的价值和群主的能力，也不是没有坚持学习的想法，而是因为他们渴望学习更高阶的知识，但社群提供的服务已经无法满足他们的需求。因此，在夏不飞看来，要提高续费率，还需要迭代服务，为社群注入新鲜的血液和养料：

> 老会员续费之后，不可能还是为他们提供一样的菜（社群服务），对不对？俗话说，老吃山珍海味也会腻的。所以社群的每一期服务之间，必须要有阶梯感和新鲜感。

如何打造阶梯式服务？夏不飞在知识星球平台打造出一个社群矩阵——围绕"地产广告"这一行业创建了 8 个社群，如图 9-8 所示，分别为不同需求的从业者提供不同程度的服务，这些社群之间的服务形成了差异化。

举个例子，社群"夏不飞创意日报"的服务对象是地产广告行业新人，主要分享夏不飞从业 19 年在地产广告行业的传播经验；社群"否定 15 个夏不飞"的服务对象是资深从业者，主要深度剖析夏不飞操盘的 14 个地产广告案例的设计思路及详细的实操方法。对于会员来说，社群矩阵提供的服务体现出了阶梯感，当他们在某个社群学习结束后，既可以选择续费留在原来的社群，也可以选择加入群主的另一个社群。[1]

---

[1] 对于群主夏不飞来说，会员选择付费加入自己的另一个社群也相当于是一种续费。

第九章 三步提升社群续费率

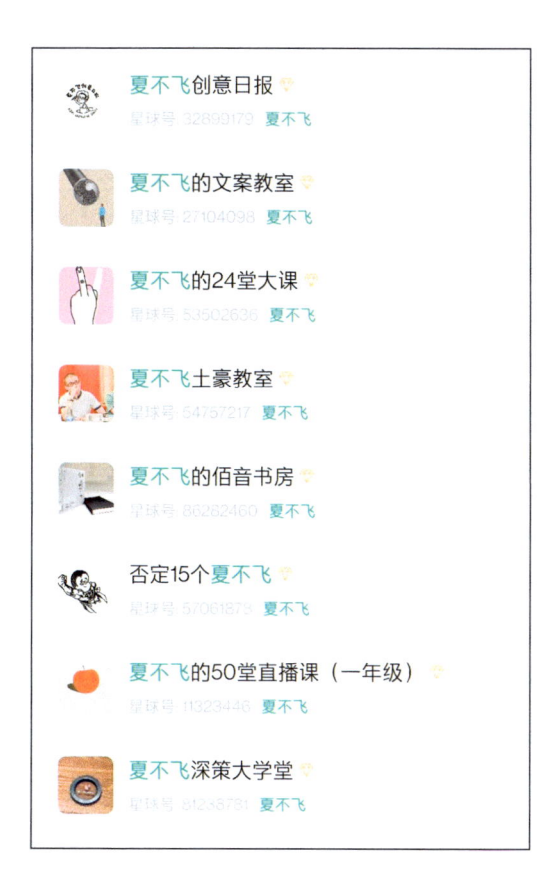

图 9-8

如果想像夏不飞一样借助社群矩阵让服务形成差异化，那么需要先评估自己目前的知识储备以及每天投入社群的时间，考虑这些因素能否支撑我们同时运营多个社群。如果不能，那么考虑能否在原有社群的基础上增加新服务，这种方式同样能够给予老会员新鲜感，提升续费率。

群主阿猫采用了上述的方法提升了会员的续费意愿。每次开启新一期社群服务时，他都会新增至少 10 场专属直播新课，与之前的服务项目形成明显区别。

227

## 第三节

### 第三步：使用简单高效的续费策略

根据知识星球诸多群主的反馈，在老会员未续费的原因里，未收到续费通知占据了很大的比例。

他们通过复盘发现，采用一些有效的续费技巧也能较好地提高续费率。所以，在社群进入续费阶段后，需要特别重视提高续费通知触达率和规划好续费策略。

#### 1. 提高续费通知触达率

多位社群付费过万人且运营时长超过 3 年以上的群主认为，在社群续费期内向会员发送续费通知的频率和触达率非常重要。

群主刘备教授[1]认为：

> 确保所有人都知道什么时候续费这件事是最重要的，至少可以保证让有意愿的用户都能续费。

---

[1] 刘备教授，同名公众号主理人，在知识星球创建有社群"刘备和朋友们"。

第九章　三步提升社群续费率

　　应充分利用和优化每一条能接触到会员的推广渠道，以提高续费通知的触达率。以下是最常见的几种渠道。

　　（1）利用社群工具自带的推送渠道。以专业社群工具知识星球为例，群主可以定期使用续费提醒功能来发送续费通知。每次发送续费通知时，会员都会在社群和工具平台的官方公众号上收到一次提醒，如图 9-9 和图 9-10 所示。通过增加发送次数，可以扩大通知触达的范围，从而提高续费率。举例来说，群主微笑哥在每次开启社群续费推广活动之前，都会使用知识星球的续费提醒功能，每两周向会员推送一次续费通知，每次推送都能带来几十人续费。

图 9-9

续费提醒

账号名： Mercury
用户ID： 5320
服务项目： 愚公掘金
过期时间： 2022-08-06

查看详情

图 9-10

（2）利用社群内的主题帖来通知会员进行续费。具体操作包括在社群内发布一篇关于续费通知的主题帖，并将其设置为置顶帖子，如图 9-11 所示。每次在社群内发布一篇帖子时，都在帖子末尾附上一则续费通知及入口，邀请会员进行续费，并简单说明续费的价格。通过这种方式，只要会员进入社群并浏览帖子，就有很大的概率能够看到续费通知，如图 9-12 所示。

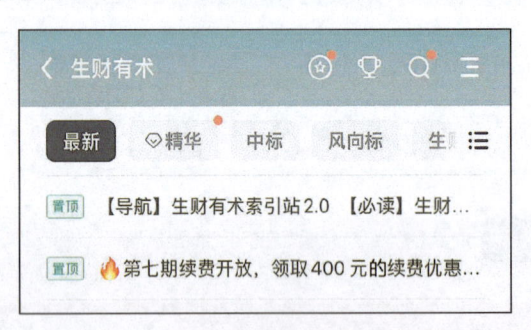

生财有术

最新　精华　中标　风向标　生

[置顶] 【导航】生财有术索引站2.0 【必读】生财...
[置顶] 🔥 第七期续费开放，领取 400 元的续费优惠...

图 9-11

（3）通过社群会员专属的微信群和群主的朋友圈发布续费通知。并非所有会员都会关注社群工具平台的官方公众号，或者每天都会主动进入社群进行学习和交流。因此，仅仅依

## 第九章 三步提升社群续费率

靠社群工具自带的推送渠道并不能保证每位会员都能收到续费通知。在这种情况下，群主可以在社群会员的专属微信群和自己的朋友圈中发布续费通知，以便及时提醒那些没有收到通知的会员续费。

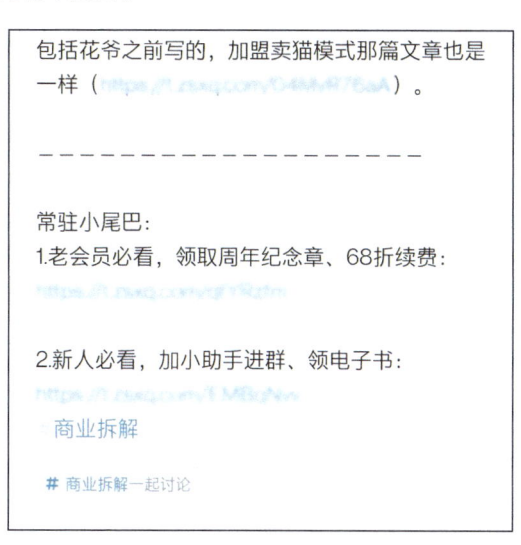

> 包括花爷之前写的，加盟卖猫模式那篇文章也是一样（https://...）。
>
> ——————————————
>
> 常驻小尾巴：
> 1.老会员必看，领取周年纪念章、68折续费：
> https://...
>
> 2.新人必看，加小助手进群、领电子书：
> https://...
> 商业拆解
>
> \# 商业拆解一起讨论

图 9-12

但是，这种通知方法只有在群主已经添加所有会员的微信并创建了一个会员专属微信群的前提下才有效。在群主夏不飞看来，专门为会员建立一个微信群还能够创造一种明确的归属感。这种归属感也是一个非常有效的心理因素，可以促使会员更主动地进行续费。他认为：

> 根据我的观察，很多群友对出现在社群内的续费通知几乎是无感的。但如果我有一个微信群，在续费期间清晰地告诉群友如果不续费就会被移出群，那他们可能会因此产生一种被组织抛弃的失落感，为了消除这种感觉，很可能会主动续费。

（4）群主通过自己的自媒体账号发送通知。由于大部分社群会员是从群主的公域池中转化而来的，他们在加入社群之后依然会继续关注群主的自媒体账号，所以群主在自己的自媒体账号发送通知也能提醒会员及时续费。有时候，这种发布方式的通知触达率甚至超过了社群工具平台的官方通知渠道或微信群。

例如，在知识星球中，一些群主经常在个人公众号上分享社群的精彩内容，许多会员喜欢通过公众号了解社群的动态。这些群主习惯在公众号发布的文末说明续费方式——邀请会员在公众号内发送关键词"续费"，然后点击自动回复中的链接即可立即跳转到付费页面进行支付，如图 9-13 所示。

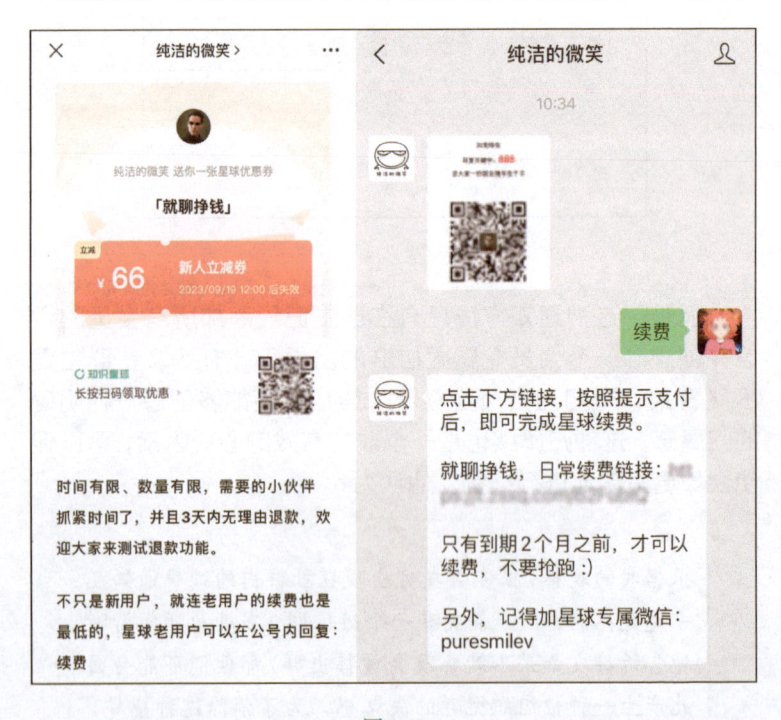

图 9-13

## 2. 提高续费率的五个技巧

如果我们还能使用一些续费技巧，就能更进一步地提高社群的续费率。具体包括推出优惠活动、个性化服务，以及针对不同类型会员使用不同续费策略等。经过实践，群主阿猫发现以下续费技巧能够有效地提高社群的续费率。

（1）社群涨价的同时给予老会员打折优惠。阿猫认为这是最有效的方法，因为"涨价"非常直接地向老会员表明社群的价值已经提升，从心理上能够增加会员对新一期社群服务的期待。社群涨价之后，群主给予老会员续费折扣，能进一步提升他们的续费动力。例如，社群"愚公掘金"每年都给予老会员五折续费优惠，让很多老会员感受到了群主的诚意，最终让不少人愿意继续留在社群。

（2）为会员梳理社群过去提供的精华内容。当社群进入续费期后，将社群过去提供的精华内容整理成册，以主题帖的形式发布到社群内，可以让会员再次感受到社群的价值。有些会员看到后，往往会为了继续拥有这些有价值的内容而选择续费。正如群主夏不飞所说：

> 人对于失去自己原本拥有的事物非常敏感。如果有人听到自己现在付费获得的知识和信息，在不续费以后将不再属于自己，再想得到还要付出加倍的费用时，会提升他们续费的积极性。

（3）群主连麦优秀会员，展现社群价值。阿猫发现，邀请优秀会员在直播间分享他们在社群中的所学所得，或者群主直播回答会员提出的与社群有关的问题，可以很好地展现社群的价值，完美实现从"买家秀"到"卖家秀"的闭环。

这样一来，既能吸引老会员续费，又能吸引新会员付费加入。这是一个一举两得的方式。

（4）提前使用优惠券"锁客"。所谓"锁客"，是指在社群续费期前，群主邀请有意愿续费的会员提前购买下一期服务门票的优惠券。然后，在社群进入续费期后，针对这部分会员开展促销活动，再请他们使用优惠券续费。尽管这种方法比直接发放优惠券要复杂一些，但验证结果表明，它对于提高续费率非常有效。

2022 年 3 月 23 日是群主 Sky 的社群开启第六期服务的时间，在此之前，Sky 便向老会员和新目标会员发出邀请：

> 有想加入社群的朋友可以花 50 元购买价值 100 元的优惠券，等到社群第六期正式开启的时候可以用优惠券抵扣门票。

当天，Sky 针对已购买优惠券的会员进行精准营销，最终为社群带来了 3000 多名付费会员。

（5）实行"买一送一"。即当会员续费高价社群时，免费赠送低价社群门票，或其他价位社群门票优惠券。使用这种策略的前提是群主需要拥有多个不同价位的社群。

以上介绍的五种技巧是知识星球的群主们常用的续费技巧，如果你的社群即将步入续费阶段，不妨尝试一下。然而，需要注意的是，影响社群续费率的因素多种多样。有些会员可能因为工作变动、时间不足等原因选择离开社群。对于这部分会员，群主应该及时放手，将精力放在那些仍然适合留在社群的会员上。

此外，提高社群续费率并非一朝一夕的事情，也不是一件难如登天的事情，而是一件讲究长期主义的事情。它需要

## 第九章 三步提升社群续费率

群主在日常运营中做好服务并不断优化服务，逐渐增强会员对社群的信任；它需要群主有意识地培养会员主动续费的意识，不断迭代社群服务，学会使用高效的续费技巧。只有努力做到这些，社群的续费率才能得到提高。

对于一时学不会这些技巧的群主，也无须担忧，只要记住"做好服务"，就一定会有人愿意继续为社群付费。就像许多运营社群已有3年的群主所说：

> 做社群是一件讲究长期主义的事情，社群服务的质量及发布节奏，考验的是群主持续运营社群的信心和能力。我们能稳定交付符合会员预期的社群服务，就证明我们有持续运营的能力和信心，这有助于减少会员续费时的犹豫，社群未来的收益自然也就有了保障。所以，做社群就是踏踏实实地帮助会员解决问题，只要做好了，时间就是我们的竞争壁垒。

最后，有些群主可能会好奇，社群是否只有一个群主就能成功运营？是否需要组建团队？无数社群运营案例证明，群主只要选对社群工具，一个群主就足以成功运营社群。本书中提到的很多群主就是最好的例证，他们在使用知识星球运营社群的第一年，每天只用业余时间就能交付全部社群服务。直到第二年或第三年，随着社群服务的增加，他们才开始逐渐组建运营团队。

因此，如果你刚刚开始做社群，无须着急组建团队，一个人完全可以做成。当然，如果你目前投入社群运营的时间无法满足交付社群服务的需求，那么就需要考虑组建一个小团队。对于对组建团队感兴趣的朋友，可以阅读本章末尾的拓展阅读（十一），以了解更多相关内容。

### *拓展阅读（十一）

**打造一支很能打的团队**

运营团队是群主手、脑、眼的延伸，是社群业务的护城河，也是推动社群发展的加速器。一支能打的团队能够牢牢地守住社群的命脉，帮助群主有力地开拓更广阔的未来。如何组建社群的运营团队？扫描图9-14中的二维码就能免费了解万人付费社群群主的团队组建策略。

图9-14

# 后记

## 一、破除做社群的一切疑虑

社群可以加强自己和粉丝之间的情感联系，是筛选铁杆粉丝和实现知识变现的最优路径；对于企业主来说，社群可以拉近其与用户的距离，帮助用户更深入地了解产品的价值，培养用户对产品的忠诚度；对于具有专业技能的人来说，社群是与志同道合的伙伴交流和沉淀知识经验的好地方。正因为如此，越来越多的人对社群产生兴趣，并希望创建属于自己的社群。

然而，每当有朋友入驻知识星球创建社群时，我们常听到下面的疑问：

> 创建社群，我应该做好哪些准备？
> 想做好社群，我应该了解哪些运营流程？
> 提供什么样的服务，才能体现社群独一无二的价值？
> 社群门票应该定价多少元，才会有源源不断的用户买单？
> 如何在不同渠道上找到更多的付费用户？
> 在知识星球开社群需要花钱吗？
> ……

针对以上问题，知识星球运营团队这几年做过大量答疑和解释：在知识星球开社群是免费的，开社群赚了钱，知识星球才收服务费，相当于群主 0 成本开启社群事业。

随着知识星球用户数增长到 4000 万人，我们开始意识到社群可以做成一生事业，我们希望尽可能提高服务群主的效率，希望更多人通过社群实现人生的富足快乐。

社群是人和内容的载体，群主杨涛曾坦言，在知识星球开设社群的动力之一是相信社群会带给他灿烂的晚年；群主 David 因为在知识星球开社群，实现了在家工作的理想，还有更多时间陪伴孩子。这些故事让知识星球团队有了更加努力的方向——希望知识星球 App 成为更好用的社群工具，长长久久为群主们的社群事业保驾护航。

因此，我们希望能有一套实用的社群方法论来助力大家的社群事业。我们邀请了 70 多位经验丰富的群主分享他们行之有效的社群运营策略，并将这些宝贵经验集结成此书，献给每一个需要它的人。非常感谢古典老师对本书框架做出的贡献，使得书的结构得以化繁为简。

## 二、经典实用的初高级社群运营方法

本书的主要目标是为刚开始做社群即"0~1 岁"的群主提供全面实用的社群运营方法，助力在做社群的第一年站稳脚跟，为将来更长远的社群之路夯实基础。与此同时，考虑到那些已经有一定运营经验的群主的需求，在每一章末尾的"拓展阅读"中，我们通过让读者扫描二维码的形式分享了更高级的社群运营方法。

感兴趣的朋友，只需使用微信扫描二维码，即可进入知识星球官方社群"星球学院"免费阅读和学习这部分内容。

在阅读完毕后,大家还可以在每篇文章的评论区告诉我们,你对其他相关运营方法的进一步需求,我们将不定期在星球学院中更新更多内容。

除此之外,通过扫码,你还可以在星球学院与其他群主一同探讨和交流社群的运营方法。如果在创建和运营社群的过程中遇到问题,你也可以在社群内向知识星球运营团队反馈,我们将逐一为你解决。

### 三、感谢每个人的付出和支持

本书能够顺利出版,离不开参与创作的知识星球的伙伴和群主的支持。首先,非常感谢 70 位群主的无私分享(按在书中出现的顺序排列,排名不分先后):

齐俊杰、亦 仁、David、Juan、宏 杰、
兔 妈、亚 楠、松 月、唐 韧、
小 六、条形马、Sky 盖哥、邵云蛟、敏 哥、
姜茶茶、Fenng、Caoz、闫 璐、五 哥、
鉴 锋、尹 晨、钰 见、徐 哥、阿 秀、
大胡子、一万兄、史 戈、小 贤、弘南子、
丹 牛、粥左罗、帅 张、池建强、老 徐、
张云金、杨 涛、韩 松、曹 将、王子冯、
郭拽拽、小码哥、铁木君、闪光少女斯斯、

花　爷、小马宋、王　盐、辉　哥、阿 May、
剽悍一只猫、海边的西塞罗、阿　猫、利　兄、
栩先生、安夏、铭毅天下、达　叔、鱼堂主、
易　洋、李孟潮、熊　道、萧大业、盗　坤、
狗　哥、夏不飞、刘备教授、老　陈、纯洁的微笑

　　感谢你们毫不保留的分享，为本书提供了丰富翔实的案例和数据，这些点点滴滴的宝贵经验为每一位想做社群的朋友照亮了前行的道路，让大家都能有法可循，一步步去创建自己理想中的社群。

　　同时，感谢编写本书的知识星球团队成员：郑慧婷、刘容、吴鲁加、萧德纲，以及电子工业出版社策划编辑滕滕。感谢慧婷收集、整理 70 多位群主的经验资料，并将这些宝贵的经验编撰成书；感谢刘容协助收集资料，以及在图书进入编辑、润色等不同阶段时，和各方对接工作的付出；感谢滕滕、吴鲁加、萧德纲在成书过程中提出的宝贵建议和耐心指导。本书从无到有，离不开以上五位朋友的付出和努力，还有你们各自亲朋好友的鼓励与支持。在此，还要特别感谢郁光曙先生为本书封面题写书名。

　　最后，希望每一位向往社群、喜欢社群、想做社群的朋友，都能从本书中学到自己需要的方法，并能自如地运用它们解决遇到的难题，最终抵达理想的彼岸，将社群做成一生事业。

　　祝愿每位群主都能获得成功，这是我们创作此书最大的心愿。